KB121002

나는 직장 대신 아버지와 부동산으로 월급 받는다

이권복·이은구 지음

원앤원북스

가족이 함께하는 부동산 투자는
실패하지 않는다

●

주위를 둘러보면 부동산에 관심을 갖기 시작하는 시기는 보통 결혼을 하면서부터인 것 같다. 신혼집을 마련하는 과정에서 뉴스에서나 보던 높은 집값을 실감하게 되고, 어쩔 수 없이 대출을 받아 전세 계약을 하면서부터 부동산에 관심을 갖기 시작한다. 물론 이 관심도 전세 계약을 마치고 나면 금방 식어버리지만 말이다.

나는 아버지의 부동산 투자 실패를 경험하면서 부동산 공부의 필요성을 깨달았다. 꼭 많은 돈을 벌기 위해서가 아니라 최소한 실패하지 않는 투자를 하기 위해서 부동산에 대해 알아야 했다. 어찌 되었든 내가 거주할 집은 1채 필요할 테고, 그 1채를 사기 위해서 평생 모은 돈을 다 써야 할 테니 단 한 번의 실수도 용납할 수 없다고 생각했기 때문이다.

나는 이 책을 통해 가족이 함께 부동산 투자를 해야 한다고 말하고자 한다. 부동산 투자 설명회나 상담을 다녀보면 아버지와 아들의 조합은 극히 찾아보기 어렵다. 아예 없다고 봐도 무방하다. 대부분의 경우 아버지 혹은 어머니 혼자 다니거나, 부부 동반 또는 친구들끼리 다닌다. 아마 20~30대는 부동산에 관심도 없고 공부할 시간도 없을 것이다. 하지만 나는 20~30대의 젊은 나이일수록 오히려 더 적극적으로 부동산을 공부해야 한다고 생각한다. 특히 아버지와 함께 다닐 것을 권한다. 물론 아버지들 역시 자녀와 함께 다닐 것을 권한다.

경제학원론을 공부하면 제일 처음에 나오는 내용이 바로 '경제'라는 단어의 유래다. 경제를 의미하는 '이코노미(economy)'가 가정을 뜻하는 '오이코스(oikos)'에서 시작되었다는 것이다. 그렇다. 경제는 가정에서부터 시작된다. 그런데 요즘에는 부모님은 부모님대로, 자녀는 자녀대로 따로 경제를 꾸리는 것 같다. 그러다 보니 서로가 가진 장점을 살리지 못하고 단점만 드러나 투자에 실패하는 경우가 많다. 아버지는 자본이 있는데 정보가 없고, 아들은 정보가 있는데 자본이 없다. 투자는 자본과 정보가 많을수록 유리해진다는 사실을 떠올린다면 이 둘은 함께 있어야 훨씬 유리하다는 데 동의할 것이다.

이 책은 나와 아버지의 투자 이야기다. 나는 원래대로라면 늦게 시작했을 부동산 투자를 아버지 덕분에 일찍 경험하게 되었고, 아버지는 투자를 결정하는 데 나의 정보를 판단의 근거로 삼아 실패의 위험을 줄였다. 그 결과 우리 가족은 빠른 시간 내에 경제적 자유를 이룰 수 있었다. 함께 공부하며 함께 성장하는 즐거움은 투자 과정에서 자연스럽게 따라오는 덤이었고, 아버지와 함께 투자 물건을 보러 다니는 일은 큰 즐거움이 되었다.

이 책을 통해 우리가 어떻게 함께 부동산 공부를 했는지 그 방법을 쉽게 제시하고자 노력했다. 실제로 아버지와 내가 공부했던 방법이기 때문에 따라 한다면 금방 부동산에 대한 안목을 키울 수 있을 것이다. 또한 공부 방법 외에도 부동산 투자 시 꼭 알아야 하는 내용과 앞으로 어떤 부동산에 투자하면 좋을지에 대한 이야기도 함께 담았다. 이 책에 실린 내용들만 알고 있어도 앞으로 부동산 투자에 실패할 가능성이 크게 줄어들 것이다. 이 책에서 말하는 공부 방법들을 부자가 함께 실천하고, 함께 투자 물건을 찾는 데 활용한다면 비교적 '빠르게' 부자가 될 수 있을 것이라 확신한다.

아들 이권복

•

사람들은 누구나 자신의 봄날을 기다린다. 하지만 애석하게도 기다린다고 모두가 봄날을 맞이할 수 있는 것은 아니다. 칼날 같은 바람과 뼛속 깊이 스며드는 추위를 견디고 이겨낸 자만이 따뜻한 봄날을 맞이할 수 있다. 부동산 투자도 마찬가지다. 나 역시 처음부터 풍요로운 삶을 누릴 수 있었다면 굳이 위험을 감수하면서 투자하지 않았을 것이다. 있는 돈을 가지고 편하게 안정적으로 살아갔을 것이다.

나의 삶은 살갗이 에는 찬바람 부는 한겨울부터 시작되었다. 어떻게든 겨울을 이겨내야 했고, 버티고 버텨서 봄을 맞이할 준비를 해야 했다. 강인한 정신력을 가진 사람은 혼자서도 이 추운 겨울을 잘 이겨낼 수 있을지도 모른다. 하지만 그것은 결코 쉬운 일이 아니다. 나는 다행히 이 추운 겨울을 함께 견뎌낼 동반자를 찾았다. 가깝다면 아주 가깝고, 멀다면 남보다도 멀어질 수 있는 사람, 바로 아들이다. 아들과 이견이 많았지만 의사소통은 꾸준히 이어나갔다. 일단은 살아가는 데 돈이 얼마나 중요한지에 대한 공감대가 있었기 때문이다.

대부분의 사람들에게 직장에서 받는 월급이 아니고서야 살면서 목돈을 만져볼 기회가 흔치 않다는 것을 잘 알고 있다. 나 역시 작은 기업에서 월급을 받으면서 살았다. 만나는 사람들이 모두 나처럼 월급을 받으며 살았기 때문에 주변에서 부자를 만나기는 어려웠고, 남들처럼 평범하게 사회의 한 구성원으로서 열심히 일하는 것을 보람으로 여기던 시절이 있었다.

돌이켜보면 지나온 세월이 개탄스러울 때가 있다. 더 잘살기 위해서는 더 열심히 일해야 한다고 생각해 정작 잘살 기회를 놓쳐버렸기 때문이다. 나는 직장 생활을 열심히 하는 것으로 경제적 자유를 이루지 못했다. 직장 생활을 하면서 꼬박꼬박 받은 월급은 추운 겨울을 이겨내는 데 요긴하게 쓰이긴 했지만, 결코 그 월급이 경제적 자유를 가져다준 것은 아니다. 나는 직장 생활이 아니라 부동산 투자로 경제적 자유를 이루었고, 나 말고도 많은 사람들이 부동산에 투자해 경제적 자유를 이루었다.

이 책을 집어든 당신도 투자가 중요하다는 사실은 알고 있을 것이다. 그런데도 투자를 망설이는 이유는 어쩌면 두려움 때문이다. 투자에는 늘 위험이 존재하고, 인간이 가진 손실 회피 편향은 손실에 대한 두려움을 극대화시켜 투자를 주저하게 만든다. 하지만 그럴수록 용기를 내야 한다. 남아프리카공화국 최초의 흑인 대통령이었던 넬슨 만델라는 "용기란 두려움이 없는 것이 아니라 두려움을 이겨내는 것"이라고 했다. 혼자 두려움을 이겨낼 수 없다면 자신에게 용기를 북돋아줄 수 있는 사람을 찾자. 남편이든 아내든 자식이든 말이다.

부동산 투자를 통해 돈을 번 사람들은 모두 각기 다른 방법으로 돈을 벌었다. 어떤 사람은 아파트로, 어떤 사람은 빌라로, 또 어떤 사람은 상가로 말이다. 이들에게는 공통점이 있다. 모두 두려움을 이겨내고 투자를 했다는 것이다.

혼자 투자를 시작하기가 두렵다면 같이 밥을 먹고, 같은 수저를 쓰는 가족과 함께 투자를 시작하라고 권하고 싶다. 두려운 마음속에 용기라는 씨앗을 심어줄 가족이 그 누구보다도 최고의 투자 파트너라고 생각한다. 온 가족이 합심해 찬바람이 쌩쌩 부는 한겨울에 씨앗을 하나둘 심는다면, 따뜻한 봄날이 오면 씨에서 싹이 움트고 가을이 되면 결실을 맺어 온 가족의 얼굴에 미소가 지어질 수 있을 것이다.

아버지 이은구

차례

경제적 자유를 이루기 위해서는 월급만으로는 부족하다. 매달 꼬박꼬박 나오는 월급을 가장 안전하고 확실한 자산으로 생각하겠지만, 회사가 어려워지면 그 월급봉투는 언제 사라질지 모른다. 우리가 정말로 두려워해야 하는 것은 투자를 해서 발생하게 될지도 모르는 손실이 아니라 투자를 하지 않아서 맞게 되는 불확실한 미래다.

1장

아버지와 함께 시작한
부동산 투자

내가 아버지를 따라 부동산 투자에 나선 이유

"아드님이세요? 부부나 친구끼리 오는 경우는 많이 봤어도 아들이랑 다니시는 분은 처음 보네요."

투자 물건을 살펴보기 위해 아버지와 함께 중개사무소에 들어가면 종종 듣는 말이다. 오피스텔이나 분양형 호텔 등을 매매하는 분양 상담사들에게 상담을 할 때도 흔히 이런 반응을 보인다. 수많은 사람들을 만나는 이들에게도 20대 아들과 50대 아버지는 꽤나 낯선 조합인 듯하다.

주위를 둘러봐도 또래 친구들은 부동산에 관심이 없다. 대부분 취업 준비하느라 바쁘고, 회사 다니느라 바쁘다. 그들은 중개사무소에 들어가볼 시간도 없고 부동산에 관심도 없다. 그래서 대부분의 경우 부동산 투자는 아버지의 몫이 된다. 수억 원의 막대한 돈을 투자하는 아버지는 홀로 이곳저곳을 돌아다니시거나 어머니 혹은 자신과 처지가 비슷한 친구들과 함께 부동산을 알아본다.

나 역시 20살 때까지는 그랬다. 주식은 그 이전부터 관심이 있었지만 부동산은 워낙 액수가 커서 관심을 가질 생각조차 하지 않았다. 부동산은 오로지 아버지의 몫이었다. 그러나 지금은 다르다. 지금은 아버지보다 관심이 더 많다.

부동산에 관심을 가지고 공부하는 나를 주변 친구들은 이해하지 못한다. 특이하다거나 이상하다는 반응이 대부분이고, 그나마 조금 긍정적인 것이 흥미롭다는 반응이다. 부동산 공부를 한다고 하면 보통 공인중개사 자격증을 따서 복덕방을 차릴 거라고 생각하기 때문이다. 사람들의 그런 생각을 이해하지 못하는 것은 아니다. 나도 지금은 생각이 달라졌지만 예전에는 그랬으니까.

나 역시 한 때는 그들과 같은 길을 가고 있었고 그 길을 가기 위해 노력했다. 고등학교를 졸업할 때까지는 좋은 대학에 입학하기 위해 누구보다 열심히 공부했다. 공부를 열심히 해서 고시에 합격하거나 남들보다 하루라도 빨리 좋은 직장에 취직해야겠다는 생각뿐이었다. 고등학생 때는 명문대에 가는 것, 대학생 때는 좋은 회사에 취업하는 것. 이것이 우리 사회에서 말하는 성공이기 때문이다. 나는 그 트랙에서 1등이 되기 위해 남들보다 더 노력했다.

아버지의 투자 실패로
부동산에 발을 들이다

친구들과 크게 다르지 않던 내가 부동산이라는 분야에 관심을 가지게 된 것은 2008년 어느 날이었다. 2007년 부동산 시장은 뜨거웠다. 신문에는 연일 부동산 광고가 실렸고, 아버지는 그중 '구미공단 수익률 30%대 다가구주택'이라는 광고에 마음을 빼앗겼다. 1억 원을 투자하면 1년에 3천만 원의 수입이 들어오니 3년이면 투자금 대부분을 회수할 수 있다. 정기예금금리가 1%에 머무르고 있는 지금의 상황을 생각해보면 연 30%의 수익률은 그야말로 어마어마한 것이다.

노후 준비를 고민하던 아버지에게 이 부동산은 본인의 노후 문제를 해결해줄 도깨비 방망이였다. 3억 원을 투자해서 다가구주택을 구입하면 연 1억 원에 가까운 임대수익이 생기게 되므로 그 수익으로 생활하면 충분하다는 계산이 나왔다. 그렇게 아버지는 어머니와 함께 투자 물건을 보러 구미행 기차에 몸을 실었다.

사전에 연락을 받은 중개사무소에서는 아버지와 어머니를 모시러 구미역 앞에서 기다리고 있었다. 그리고 부모님이 차에 타자마자 브리핑이 시작되었다. 중개사는 삼성, LG 등 대기업 공장지대를 한 바퀴 쓱 돌면서 구미공단을 구경시켜주었다. 대기업에 취업한 청년들이 많아서 임대수요가 많다는 설명과 함께 말이다.

그렇게 구미공단을 한 번 살핀 다음 매물로 나온 수익형 다가구주택을 보러 주거지역으로 이동했다. "임대 관리업체가 있어서 주인이 신경 쓸 게 하나도 없다." "대구와 서울 등 타지 사람들이 대부분 투자를 했다." 등 그들의 설명을 들으면 투자를 하지 않을 이유가 없었다. 거기다 맛 좋은 식사까지 대접하며 다시 차로 구미역까지 극진히 모시니 그들에 대한 아버지의 신뢰는 더욱 높아졌다.

　노후에 대한 불안감을 가지고 있던 아버지에게 30%대의 높은 수익률은 떨치기 힘든 유혹이었다. 태어나서 한 번도 가본 적 없는 지역에 부동산 투자를 할 정도로 말이다. 아버지는 당신이 일평생 모은 재산을 투입하는 부동산 투자를 단 두 번의 방문으로 결정했다. 대형 마트에서 물건 하나를 살 때도 이리저리 계산해보던 아버지의 평소 모습을 생각하면 파격적인 선택이었다. 부동산 가격은 떨어지지 않는다는 부동산 불패 신화와 임대 관리업체가 있어 주인은 신경 쓸 필요 없다는 중개업자의 말이 아버지의 판단에 확신을 더해주었다. 그렇게 아버지는 경상북도 칠곡군 석적읍 중리(구미공단 배후 주거지역)의 다가구주택을 구입했다. 그때가 2007년이었다.

투자도 혼자보다는
둘이 하는 게 낫다

아마 아버지의 첫 투자가 성공적이었다면 나는 친구들처럼 부동산에 관심을 가지지 않았을지도 모르겠다. 중개사가 내세운 임대수익률은 허위 계약서로 만들어진 가짜였고, 구미공단의 쇠퇴와 원룸의 공급과잉으로 공실까지 생기기 시작했다. 엎친 데 덮친 격으로 2008년 글로벌 금융위기가 닥치면서 구미공단의 공장들이 하나둘 문을 닫기 시작했다. 삼성과 LG 같은 기업들도 채용을 줄이거나 인력을 타 지역으로 배치했다. 상황이 점점 심각해지자 아버지는 직접 구미로 내려가 거주하며 건물을 관리하기로 했다. 만기가 되기도 전에 임대차 관계 종료가 통보되는 데다 공실이 늘어났기 때문이다.

20년 이상을 서울에서 살아온 나에게 그곳은 정말 낯선 곳이었다. 인근에 위치한 낙동강과 녹지가 우거진 자연환경은 더할 나위 없이 좋았지만, 편의시설과 문화시설이 부족해 지금까지 서울에서 누리던 혜택들이 얼마나 큰지 느껴질 정도로 불편했다. 하지만 그 불편함은 사실 아무것도 아니었다. 진짜 큰 문제는 아버지가 노후 준비를 위해 장만한 다가구주택에 있었다.

임대료는 내려가고, 공실은 늘어나고, 임차인 구하기는 점점 어려워졌다. 구미공단의 상황은 더욱 나빠졌고 문제가 해결될 기미가 보이지 않았다. 임차인들은 보증금을 빼달라고 요구했고, 동시다발적으로 반환해야 하는 보증금을 우리 가족은 감당할 수 없었다. 아버지와 어머니의 근심은 점점 깊어졌고 그 모습을 바라보는 내 마음도 불편했다. 우리 가족의 미래를 지켜줄 것이라고 믿었던 부동산이 우리 가족의 미래를 위협하고 있었다.

사실 아버지는 구미로 부동산을 살피러 내려가기 전에 나에게 이렇게 물었다. "너도 같이 가볼래? 부동산도 보고 바람도 쐴 겸."

그 당시 나는 부동산에 별로 관심이 없었다. 공장을 빼곤 딱히 유명한 관광지도 없는 구미까지 몇 시간씩 기차를 타고 가서 괜히 고생해야 하나 싶었다. 그렇게 시간 낭비하느니 도서관에서 토익 공부나 하는 게 낫다고 생각했다. 나는 구미행 기차를 타지 않고 학교로 가는 지하철을 탔다. 아마 그때 내가 아버지와 함께 내려갔더라면, 아버지는 그 지역에 투자를 하지 않았을지도 모른다는 생각이 든다. 물론 어떤 결과가 펼쳐졌을지는 모르는 일이지만, 그때 내가 직접 내려가서 같이 부동산을 보지 않았던 게 지금도 가끔 후회가 된다.

하지만 물은 이미 엎질러졌다. 아버지는 구미 부동산에 투자했고, 공실이 늘어나면서 임대수익은 감소하기 시작했다. 이런 상황에서 20대인 내가 할 수 있는 일은 아무것도 없었다. 억울함과 분함이 머리 끝까지 차올랐다. '왜 아버지는 그들에게 속아서 여기에 부동산 투자를 했을까?' '속지 않고 성공적으로 투자하려면 어떻게 해야 할까?' 이런 생각이 머릿속에 가득했다.

얼마나 고민했을까. 문득 속이려는 상대방보다 내가 더 부동산에 대해 잘 알고 있었더라면 속지 않았을 것이라는 생각이 들었다. 사실 누군가를 속인다는 것은 어떤 특정한 상황에서만 가능하다. 속는 사람이 잘 모르는 상황 말이다. 상대방이 나보다 잘 모를 때만 상대를 속일 수 있다. 속이는 사람보다 더 많이 알고 있다면 그 속임수에 넘어갈 리 없다. 속임수가 뻔히 다 보이는데 어떻게 속아 넘어가겠는가.

아버지가 부동산 중개사보다 현지 부동산 사정을 더 잘 알고 있었다면 그들의 속임수에 속아 부동산을 매수하지 않았을 것이다. 그 일대 부동산 업자들이 현지 사정을 모르는 외지인에게 부동산을 매매하는 행위가 빈번하다는 것을 알았더라면, 아니, 나라도 그러한 사실을 알았더라면 아버지는 투자하지 않았을 것이다. 모든 건 몰랐기 때문이었다. 몰랐기 때문에 그들의 말을 그대로 믿었고 그 부동산을 샀던 것이다.

그렇게 생각해보니 이 문제의 원인은 부동산을 판매한 사람들에게 있는 것도 아니었고, 그들에게 속아 부동산을 구입한 아버지에게 있는 것도 아니었다. 원인은 바로 무지(無知)에 있었다. 우리 가족 중 누군가가 그들보다 더 잘 알고 있었더라면 이런 일은 일어나지도 않았을 것이다.

그때부터 나는 부동산을 공부하기로 결심했다. 다른 사람들은 부동산 투자를 통해 부를 축적하고 경제적 자유를 실현하기 위해 공부하는 경우가 많았지만, 나는 더 많이 알아서 속지 않기 위해 공부했다. 자칫 평생을 일궈놓은 자산을 한순간의 잘못된 판단으로 날릴 수도 있다는 것을 목격했기에 부동산 공부의 필요성을 절감했다. 돈은 버는 것보다 지키는 게 더 중요하다. 나는 그렇게 아버지와 함께 부동산 투자를 시작하게 되었다.

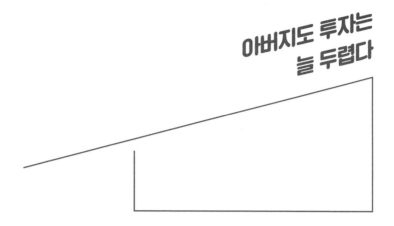

아버지도 투자는
늘 두렵다

아버지는 당연히
부동산 투자도 잘할 거야

많은 가정이 그러하듯이 가족의 큰 문제는 아버지가 결정하곤 했다.
이사를 간다든지, 비싼 가전제품이나 자동차를 사는 것과 같은 결정
은 온 가족이 상의하지만 결국 최종 결정은 아버지의 의견을 따랐다.
아버지는 우리 가족을 책임지는 가장이었으니까. 아버지는 우리 가족
을 지키는 슈퍼맨이었으니까.

　당연히 목돈이 들어가는 집을 사는 결정도 아버지의 몫이었다. 최

소 수억 원이 넘어가는 집을 사고파는 일은 당연히 아버지가 결정해야 하는 중대한 일이었고, 부동산에 대해 잘 알지 못하는 나와 동생, 그리고 어머니는 아버지의 결정에 따를 뿐이었다. 아버지가 부동산에 대해 우리보다 잘 안다는 믿음과 우리 가족을 더 좋은 길로 데리고 갈 것이라는 믿음이 있었고, 당연히 아버지의 결정이 옳은 결정이라고 생각했다.

지금 와서 돌이켜보면 그런 믿음이 아버지를 외롭고 고독하게 만들었던 것 같다. 우리보다 부동산에 대해 더 잘 알고, 알아서 잘하실 거라는 믿음은 무관심으로 이어졌다. 그렇게 아버지는 늘 홀로 어려운 결정을 해야 했다.

불행일까 다행일까. 아버지가 살아온 대부분의 시대는 '부동산 불패'의 시대였다. 아버지의 투자는 대부분 성공적이었다. 크고 작은 경제위기들이 있었지만, 그 위기들은 시간이 지나면서 극복되었다. 부동산 가격이 하락하는 시기가 있기도 했지만 몇 년 지나고 나면 다시 고점을 회복했다. 그래서 부동산 투자에 대한 결정은 당연히 아버지가 하는 것이라는 생각이 더욱 견고해졌는지도 모르겠다.

2007년 아버지가 투자에 실패한 그 부동산이 없었다면, 나는 여전히 아버지의 입장을 헤아리지 못했을 수도 있다. 공부나 열심히 해서 대기업에 취업하면 그것으로 모든 게 좋았을 것이다. 하지만 원숭이도 나무에서 떨어질 때가 있다고 했던가. 아버지의 투자도 모두 순조롭지만은 않았다.

사실 아버지도
부동산을 잘 모른다

생각해보면 아버지는 나보다 많이 배우지 못했다. 전형적인 58년 개띠 베이비부머 세대인 아버지는 대학도 나오지 못했고 어린 나이에 사회생활을 시작했다. 그래서 대학을 졸업한 나보다 배움도 짧고, 가족의 생계를 이끌어가느라 책도 많이 읽지 못했다. 아버지는 경제학을 배운 적도 없고, 부동산이라는 건 그저 우리가 살 집을 마련하는 것이지 투자수단으로 배울 기회는 더더욱 없었다.

그런데도 아버지는 자신, 아니, 우리 가족의 전 재산을 걸고 투자를 결정했다. 이 집을 살 것인지 말 것인지. 결과적으로 부동산 가격은 꾸준한 우상향을 그려왔지만, 그 과정은 그리 순탄치만은 않았다. 아파트 값이 치솟으면 치솟는 대로 고점인가 아닌가를 두고 시장에서는 말이 많았고, IMF 사태, 카드대란, 하우스푸어, 가계부채 사상 최대, 인구절벽 등 부동산 가격이 조금 높다 싶으면 늘 위기론이 등장했다. 시장 밖은 평온해보였지만 시장 안은 늘 시끄러웠다. 그런 상황 속에서 아버지는 늘 가족을 위해 홀로 투자를 결정했다.

아마도 이는 우리 아버지에게만 해당되는 일이 아닐 것이다. 내가 부동산에 눈을 뜨고 나서 각종 부동산 세미나에 참석했을 때 가장 많이 본 연령층은 아버지 세대였다. 세미나 강연장에서 나만큼 젊은 사람은 찾아보기 힘들었다. 심지어 강연자가 나를 지목해서 몇 살인지 묻기도 했을 정도니 말이다. 부동산 투자에는 목돈이 들어간다는 생각 때문에 자본이 부족한 젊은 사람들은 부동산에 별로 관심을 갖지 않는다.

부동산 투자의
가장 좋은 동반자

그래서 우리 아버지들은 부동산 임장을 혼자 다니지 않았나 싶다. 아무도 관심을 갖지 않으니까 본인이라도 뭔가 해야겠다는 생각에, 의무감에 말이다. 물론 요즘은 커뮤니티가 발달해 다른 사람들과 같이 다니기 쉬워졌다. 마음이 맞는 친구와 함께 분양 모델하우스를 보러 다니는 경우도 있고, 부동산 투자 카페 같은 커뮤니티를 통해 알게 된 사람들과 함께 투자를 하는 사람도 있다. 부동산이 투자수단으로 각광받으면서 이런 모임이 증가했다. 워낙 목돈이 들어가는 투자이다 보니 혼자 하기 부담스럽기는 모두 마찬가지 같다.

하지만 그들이 책임까지 나눠 지지는 않는다. 공통의 생각과 관심사가 모임을 만들었을지는 몰라도 투자의 결과에 대한 책임은 여전히 혼자 져야 한다. 아버지의 마음은 고독하고 두려울 것이다. 이때 자녀가 함께 한다면 어떨까. 투자에 대한 책임을 함께 나눠 질 수 있는 가족이 함께 나서준다면 아버지의 고독감과 두려움을 줄일 수 있지 않을까.

아버지의 투자는 결국 가정에 영향을 끼칠 수밖에 없다. 아버지의 투자가 성공하면 가정에 좋은 영향을 끼칠 것이고, 실패하면 좋지 않은 영향을 끼치게 될 것이다. 어리기만 한 자녀들도 언젠가 아빠, 엄마가 되어 아버지의 위치에서 부동산 투자를 결정해야 하는 상황을 맞닥뜨리게 될 것이다. 결론적으로 부동산 투자를 계속 아버지 혼자 짊어지게 할 이유가 없다. 아버지의 부담을 덜어드리기 위해서라도, 가정의 더 큰 행복과 번영을 위해서라도, 훗날 자신들의 상황을 위해서라도 아버지와 함께 부동산 투자에 함께하는 것은 어찌 보면 당연한 일이다. 가족이 함께하면 두려움도 줄어들어 더 냉정하게 객관적으로 투자할 수 있다. 그런데 왜 가족이 함께하지 않는 것일까?

아이들에게 경제를
가르쳐야 하는 이유

한국 사회에서 '돈'이란 참 말하기 어려운 주제다. 너무 대놓고 말하면 속물처럼 보일까 꺼려지고, 그렇다고 말하지 않자니 손해를 볼까 두렵다. 요즘은 그래도 젊은 층에서 더치페이 문화가 서서히 자리 잡아가고 있지만, 여전히 대부분의 사람들은 돈 문제를 가지고 다른 사람과 이야기하기를 어려워한다. 다 같이 밥을 먹고 밥값을 어떻게 낼지, 다 같이 택시를 탔는데 택시비를 누가 낼지 등 돈 문제를 참으로 어려워하는 게 우리나라다. 자기가 먹은 음식 값은 자기가 내고, 택시비역시 1/n로 정확히 나눠 내면 간단한 이 문제의 해답은 결국 나이가 제일 많은 사람이 내는 것으로 결론을 맺는다. 유교 문화의 영향으로 체면을 중시하는 우리나라만의 특이한 해법이다. 아무튼 유독 돈 문제에 대해 말하기 어려운 것이 우리나라의 문화다.

가르치지 않으면
배울 수 없는 경제관념

이런 문화는 부모 자식 간에도 적용되는 것 같다. 부모는 자녀들에게 소득을 잘 공개하지 않으며, 집안의 재정 상황에 내해서도 잘 이야기 하지 않는다. 그저 돈 걱정하지 말고 공부나 열심히 하라고 말한다. 어떻게든 뒷바라지는 해준다면서 말이다. 물론 돈 걱정 안 하고 자녀들이 하고 싶은 일에 집중할 수 있게 해주려는 부모의 마음은 이해한다. 그러나 좋은 의도가 가끔은 좋지 않은 결과로 이어지기도 한다. '돈'에 관한 문제가 특히 그렇다.

부모는 자신의 고생을 대물림하지 않기 위해 끼니를 거르더라도 자녀의 교육비에 돈을 보탠다. 그런데 자녀는 그런 부모의 마음을 아는지 모르는지 가야 할 학원을 빠지고 친구들과 PC방에 간다. 아이가 나쁜 마음을 먹어서 그런 게 아니다. 돈의 가치와 경제관념이 잘 잡히지 않아서 생기는 일이다. 부모님이 뼈 빠지게 고생해서 번 돈임을 안다면, 자신이 쓰고 있는 돈의 가치가 어느 정도인지 정확히 알고 있다면 아이는 절대 그렇게 하지 않을 것이다.

아이들은 보통 경제 교육을 받지 않는다. 그저 저축하는 것만 배운다. 선생님도 부모님도 돈을 저축하라는 말만 하지, 돈을 벌기 위해서는 어떤 과정을 거쳐야 하는지, 이 돈이 얼마나 가치 있는 것인지에 대해서는 이야기해주지 않는다. 아이는 이런저런 이유로 돈이 필요하다고 말하면 돈을 받을 수 있으니 부모님이 돈이 많다고 생각할 수도 있다. 많은 정도까지는 아니더라도 부족함은 없다고 생각하게 된다. 그리고 그렇게 부족함을 모르고 성장한다.

자녀가 돈에 대해 인식하기 시작하는 시기는 가족에게 정말 큰 돈 문제가 생겼을 때다. 부모가 더 이상 어떻게 해도 감출 수 없는 위기에 처했을 때가 되어서야 비로소 자녀들이 문제의 심각성을 인식하게 된다. 그리고 우리 집 형편이 어느 정도인지도 알게 된다. 한순간에 우리 집이 망했다고 어린 시절을 회고하는 경우가 대부분 여기에 속한다. 버티다가 더 이상 자녀에게조차 감출 수 없을 때, 비로소 자녀에게 돈에 관한 이야기를 시작하기 때문이다.

경제 교육은 가급적
빨리 시작할수록 좋다

이제는 이런 분위기를 바꿔야 한다. 부모는 자녀에게 가계의 수입과 지출을 설명하고 이해하게 해야 한다. 그래야 비로소 아이들이 경제관념을 형성할 수 있다. 부모가 가르치지 않으면 배울 수 없는 것이 경제관념이다.

우리나라에서는 어린아이에게 돈에 대해 이야기하는 것을 부정적으로 생각하는 편이라서 이런 주장을 하는 것이 조심스럽다. 하지만 생각해보면 결국 자녀를 좋은 대학에 보내려는 것도, 좋은 직장에 취직하게 하려는 것도 모두 돈과 밀접한 관련이 있지 않은가. 돈에 대해 평생 모르고 살 수 있게 해줄 수 없다면 처음부터 제대로 가르치는 것이 훨씬 낫다.

우리 집의 경우 돈에 대한 이야기를 활발하게 하는 편이었다. 우리가 살고 있는 집이 월세인지, 전세인지, 자가인지, 그리고 대출금은 얼마가 있는지 이런 것들을 부모님은 감추지 않았다. 궁금한 것을 물어보면 늘 이야기해주셨다. 그래서 나는 우리 집이 그렇게 잘 사는 집이 아니라는 것을 알고 있었고, 자연스럽게 돈을 아껴 쓰기 시작했다. 아버지의 수입으로 우리 가족이 모두 지출을 한다는 사실을 깨닫고 나니 돈이 주어졌다고 해서 마음대로 쓸 수가 없었다. 부모님과 내가 경제공동체로 묶여 있음을 인식한 것이다.

이런 마음이 자연스럽게 투자에 눈을 뜨게 해주었다. 단순히 돈을 불리고 싶다는 생각도 있었지만, 아버지의 투자가 잘못되면 안 된다는 걱정에 자연스레 참여하게 되었다. 아버지가 부동산을 보러 다니면 같이 따라다닌 것뿐만 아니라, 아버지가 접근하기 어려운 인터넷에서 직접 정보를 찾아 공유했다. 인터넷에 괜찮은 물건이 보이면 아버지와 함께 물건을 보러 가고, 아버지가 부동산에서 물건을 하나 가져오면 실거래가나 주변 시세 등을 검색해 좋은 투자인지 함께 알아보았다. 이러한 경험이 나로 하여금 부동산 투자에 일찍 눈을 뜨게 하는 계기가 되었고, 아버지로서는 쉽게 접하기 어려운 유용한 정보를 얻을 수 있는 기회가 되었다. 이 과정에서 부자지간에 대화가 늘어난 것은 말할 것도 없다.

이 모든 것은 집안의 경제를 공유한 것에서 비롯되었다. 민감할 수 있는 돈 문제를 굳이 감추지 않고 있는 그대로 설명해주신 부모님 덕분에 경제관념이 형성되었고, 지금은 우리 가족이 더 잘살 수 있도록 함께 노력하고 있다.

더 이상 자녀들 앞에서 돈 이야기를 금기시해서는 안 된다. 자녀들이 어느 정도 성장하면 조금씩 부모의 투자에 참여하게 하는 것도 좋다. 나이가 어릴 적에는 소비를 줄이고, 어른이 되면 부모님과 함께 투자를 의논하는 것이다. 그 시작점은 특별한 것이 아니다. 우리 가정의 경제적 상황을 정확히 알려주는 것부터가 시작이다. 소크라테스가 "너 자신을 알라."고 했듯이 경제의 출발점도 나 자신의 상황을 정확하게 인식하는 것에서부터 시작된다. 별것 아닌 바로 거기서부터 자녀들의 호기심이 점점 자라난다. 그렇게 하다 보면 나중에는 부모보다 더 많은 지식과 정보를 가지고 함께 토론하는 수준까지 이르게 될 것이다.

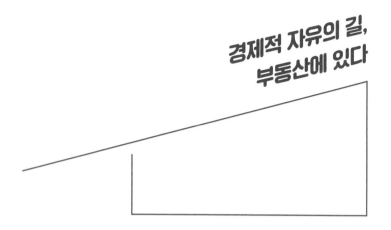

경제적 자유의 길, 부동산에 있다

대한민국에서 부동산만큼 경제적 자유의 길로 확실하게 인도해주는 투자처가 있을까? 미국의 경우 많은 투자 관련 서적들이 주식에 대해 이야기하는 데 비해, 우리나라는 부동산을 다루는 책이 많다. 실제로 KEB하나은행과 하나금융경제연구소가 발간한 '2018 코리안 웰스 리포트(Korean Wealth Report)'에 따르면, 부자들의 자산 포트폴리오 에서 부동산이 차지하는 비중은 50.6%, 금융자산이 차지하는 비중은 43.6%라고 한다.

재미있는 사실은 자산 규모가 클수록 부동산의 비중이 높다는 것이고, 금융자산 중에서 현금 및 예금이 차지하는 비중이 42.4%라는 것이다. 이는 대한민국의 부자들은 자산을 주로 부동산에 투자하고 있으며, 금융자산 대부분도 주식이 아니라 현금이라는 사실을 보여준다. 즉 대한민국 자산가 대부분은 주식이 아닌 부동산을 가지고 있다는 뜻이다. 사실 이는 그렇게 놀라운 일도 아니다. 우리는 역사적으로나 언론 매체나 주변의 사례들을 통해 직간접적으로 알고 있다. 월급이 오르는 속도보다 부동산이 오르는 속도가 더 빠르다는 사실을 말이다.

지극히 평범한 아버지가
안정적인 노후를 보낼 수 있는 이유

우리 아버지만 봐도 그렇다. 아버지는 전문직 종사자도 아니고, 대기업을 다니지도 않았다. 월급이 남들보다 많았던 적은 결코 없었고, 직장 생활 외에 특별한 활동을 하지도 않았다. 그런데 아버지는 대기업을 다녔던 친구나 여전히 교사 생활을 하고 있는 친구보다도 더 풍요로운 생활을 누리고 있다. 은퇴는 친구들보다도 훨씬 이전에 했는데도 말이다. 어떻게 이것이 가능했을까?

결론부터 말하면 부동산 덕분이다. 아버지는 대출을 받아 첫 집을 샀다. 처음에는 이사 다닐 걱정 없이, 전세금 오를 걱정 없이 보금자리 하나 마련한다 생각하고 부동산을 구입했다. 남들과 조금 다른 점이 있다면, 아파트가 아닌 다가구주택을 샀다는 것이다. 다가구주택을 한 채 사서 방 3칸짜리에서는 우리 가족이 살고, 나머지 방 2칸과 방 1칸짜리에는 세를 놓았다. 시간이 지날수록 월세와 전세금이 올랐고 집값도 올라갔다. 집값이 상승하는 속도는 월급이 오르는 속도보다 빨랐고, 그렇게 상승한 집값은 우리 가족의 소중한 자산이 되었다. 지금까지도 그 집은 은퇴한 아버지를 대신해 열심히 일을 해서 월세 수익을 가져다주고 있다.

부동산을 통한 부의 방정식은 우리 아버지만 해당하는 특별한 사례가 아니다. 『부자 아빠 가난한 아빠』의 저자 로버트 기요사키 역시 부동산이 훌륭한 투자수단이라고 이야기한다. 특히 로버트 기요사키는 부동산을 매매하면서 생기는 시세차익보다도 현금의 흐름을 중요시했다. 우리 아버지와 마찬가지로 로버트 기요사키는 매달 현금이 자신의 주머니로 들어오는지를 기준으로 투자 여부를 판단했고, 이에 부합하는 부동산에만 투자했다. 그 결과 로버트 기요사키는 부자가 되었고, 우리 아버지 역시 경제적 자유를 이루었다. 이 모든 것은 부동산 투자에서 비롯되었다.

물론 월세수익만 보고 부동산에 투자하라는 말은 아니다. 강남 아파트 값은 평당 1억 원을 향해 힘차게 달려가고 있고 강북의 20평대 아파트도 10억 원을 뚫기 시작했다. 아파트가 오래될수록 점점 비싸지고 안전진단검사에서 E등급이 나오면 가격이 더 올라갔다. 아파트 값이 오르자 빌라 값도 따라 오르기 시작했다. 그렇게 부동산을 소유한 사람들은 앉아서 돈을 벌었다. 부동산을 가지고 있지 않은 사람들은 올라간 전세금을 마련하기도 벅차게 되었다.

평범한 사람일수록
부동산에 관심을 가져야 한다

누구나 경제적 자유를 꿈꾸지만 월급만으로는 내 집 하나 마련하기 어려운 게 현실이 되어버렸다. KB국민은행과 통계청 자료에 따르면 서울에서 아파트를 사려면 한 푼도 쓰지 않고 12년간 돈을 모아야 한다. 생활비가 나가는 것을 고려하면 20년은 족히 걸릴 것이다. 아파트 한 채 사는 데만 20년이 걸리는데 월급만 모아 경제적 자유를 이루겠다는 건 어불성설이다.

지금 당장 서점에 가보라. 재테크 매대로 가서 어떤 분야의 책이 가장 많은지 살펴보라. 수없이 많은 사람들이 써낸 부동산 책들이 보일 것이다. 다 부동산에 투자해서 돈 벌었다는 책들이다. 그 사람들이 모두 태어났을 때부터 부동산에 관심이 있었을까? 절대 아니다. 그들이 겪은 어려움이 그들로 하여금 부동산에 관심을 갖게 만들었고, 그 관심이 결국 경제적 자유에 이르게 했다. 이미 수없이 많은 사람들이 부동산으로 부를 일궈낼 수 있음을 입증했다. 그리고 지금도 많은 사람들이 그 길을 걸어가려 하고 있다.

이 책을 읽는 당신도 경제적 자유를 이룰 수 있다. 단 월급만으로는 절대 이룰 수 없다. 월급을 가지고 무언가를 해야 남들이 쉽게 갖지 못하는 경제적 자유를 얻을 수 있다. 물론 약간의 의지와 노력이 필요하다. 재미없는 책도 봐야 하고, 투자에 대한 위험도 짊어져야 한다. 하지만 그런 노력이 결국 큰 보상으로 돌아올 것이라고 자신 있게 말할 수 있다. 왜냐하면 많은 사람들이 이를 입증했기 때문이다.

전세금이 올라갈까 봐 두려운가? 이사 다니는 것이 지겨운가? 지긋지긋한 돈 문제에서 벗어나고 싶은가? 당신이 직장을 다니든, 결혼해서 아이를 키우든, 회사에서 은퇴를 했든 상관없다. 당신보다 더 어려운 상황에 있던 사람들도 모두 부동산을 통해 경제적 자유를 얻었다. 그러니 당신도 할 수 있다. 당신이 하지 못할 이유는 하나도 없다. 오로지 필요한 것은 부동산을 공부할 의지와 약간의 돈이다. 대한민국에서 경제적 자유의 길은 부동산에 있다.

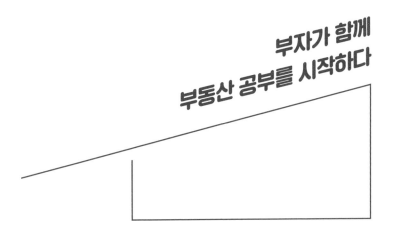

부자가 함께 부동산 공부를 시작하다

부동산 투자를 결심한 사람들이 가장 먼저 부딪히는 장벽이 있다. 바로 무엇을 어디서부터 어떻게 시작해야 하는지 모른다는 것이다. 서울의 경우 아파트 값이 기본 수억 원에 이르다 보니 그런 큰 금액을 가지고 뭔가를 산다는 것도 두렵고, 은행 빚을 잔뜩 져야 하는 상황은 더더욱 부담스럽다. 대부분 그렇게 부동산 투자를 주저하고 만다.

무엇이든지 처음은 두렵다. 모르니까 두렵고 혼자라서 더욱 두렵다. 부동산에 대한 지식이 있었다면 조금 덜 두려울 테고 같이 할 사람이 있다면 투자하기 조금은 수월할 것이다. 하지만 대부분 어떻게 공부할지도 모르고, 같이 할 사람도 없다 보니 그냥 포기하고 만다.

나이가 어릴수록 더더욱 어렵다. 부동산을 살 만한 돈도 없고, 토익과 자격증 등 공부할 것도 많은데 부동산 공부는 쓸데없다고 느껴질 뿐이다. 또 막상 해보려고 해도 주위 친구들이 아무도 하지 않으니 혼자 공부하기도 어렵다. 나 역시 그랬다. 친구들에게 부동산 공부를 한다고 하면 공인중개사 시험을 공부하는 것으로 생각했다. 친구들에게 자격증도 안 주는 공부는 공부가 아니었다. 하지만 나는 부동산 공부를 했다. 잘못된 투자로 인한 손실을 경험한 나는 부동산 투자에 대한 필요성을 인식했고 동기도 누구보다 강했다. 그렇게 나는 함께 살아가는 아버지와 함께 부동산 공부를 시작했다.

아버지의 경험과 나의 지식이
함께하면 더 빨리 배운다

처음에는 아버지의 경험을 통해 배웠다. 아버지는 살아오면서 쌓아온 부동산 투자 경험을 이야기해주었다. 어떤 시기에, 얼마에, 어디에 있는 부동산을 사서 어떤 결과를 얻게 되었는지 개인적인 생각을 덧붙여 복기했다. 아버지의 투자 경험을 들으면서 우리 집의 경제사를 알 수 있었고 본격적으로 함께 부동산 투자에 뛰어드는 계기가 되었다.

아버지와 나는 도서관에서 부동산 책을 빌려다 읽기 시작했다. 책을 좋아하는 나는 '부동산'이라는 키워드가 들어간 책을 모조리 빌렸다. 책을 읽고 인상 깊은 부분이 보이거나 정말 좋은 투자 책을 만나면 아버지께 그 책을 권했다. 그리고 그 책의 내용에 대한 생각을 서로 나누었다. 나의 경우 다른 책에서 본 내용을 덧붙여서 이야기했고, 아버지는 본인의 투자 경험을 토대로 책에 적힌 글을 해석했다.

얼마나 많은 책을 읽었을까. 함께 공부한 시간이 늘어날수록 부동산 투자에 대한 지식도 점점 쌓여갔다. 어느 정도 지식이 쌓이자 아버지와 나는 경제 TV에서 하는 부동산 투자 프로그램을 함께 시청하기로 했다. 매일 밤 8시부터 10시까지 2개의 프로그램이 1시간씩 방송되었는데, 이때는 책을 통해 익힌 우리의 지식과 실제 전문가의 견해 차이를 확인해볼 수 있는 모의고사 시간이었다.

경제 TV에서 보통 부동산 상담은 이렇게 이루어졌다. 먼저 시청자가 전화를 걸어서 관심 있는 부동산의 주소를 말한다. 예를 들면 "서초구 반포동 아크로리버파크 아파트를 매수해도 될까요?" 이런 식으로 말이다. 그러면 부동산 전문가가 그 아파트가 위치한 지역적 특성을 비롯해 아파트의 특징, 가격 전망 등을 설명해주면서 투자 상담을 마친다. 아버지와 나는 이런 부동산 프로그램을 시청하면서 전문가가 매수하라고 할지, 보류하라고 할지를 두고 내기했다. 처음에는 전문가의 의견을 맞히기도 힘들었다. 아버지와 나의 의견이 일치해도 전문가의 의견과 다른 경우도 허다했다. 그래도 그 과정에서 아버지와 나는 부동산 투자에 대한 식견을 키워갈 수 있었다.

시간이 갈수록 부동산 전문가의 의견과 생각이 비슷해졌고 그렇게 판단한 이유까지도 비슷하게 맞힐 수 있게 되었다. 그러다 나중에는 진짜 실력 있는 전문가와 그렇지 않은 전문가를 가늠할 수 있는 수준까지 이르렀다. 그렇게 어느 정도 부동산 투자에 자신감이 생길 무렵, 아버지와 나는 중개사무소를 돌아다니기 시작했다. 현장에 있는 투자 물건들을 직접 보고 부동산 경기가 어떻게 돌아가는지 알아보기 위해서 말이다.

집 근처 중개사무소에 들어가서 괜찮은 투자 물건을 문의해 직접 투자가치가 있는지 함께 토론하기도 했고, 인터넷에 올라온 매물 중에서 투자 타당성이 있어 보이는 물건을 찾아가기도 했다. 다른 지역에 갈 기회가 생기면 아버지와 나는 늘 인근 중개사무소에 들러 물건을 살펴보았고 그런 식으로 전국의 수없이 많은 물건을 보러 다녔다. 공부로 시작한 활동들이 어느덧 아버지와 나의 즐거운 부동산 투자 여행이 되었다.

가족은 그 누구보다도
최고의 투자 파트너다

아버지와 함께한 부동산 공부는 부동산을 바라보는 관점을 길러주었다. 아버지와 대화를 많이 하게 된 것은 덤이다. 지금도 아버지와 나는 부동산을 주제로 많은 대화를 나눈다. 부동산을 공부하고 싶은데 같이 공부할 사람이 없는가? 주변 친구들은 모두 이런 분야에 관심이 없는가? 사실 가장 좋은 파트너는 가장 가까이에 있다. 바로 가족이다.

아버지와 나는 매일 아침 경제신문에 경제 전망이나 금리, 부동산에 대한 기사가 있으면 그 기사에 대해 대화하며 서로의 생각을 나눈다. 또 좋은 투자 물건이 있으면 함께 투자가치가 있는지 검토한다. 아버지는 아버지의 방법으로, 나는 나의 방법으로. 가끔 투자에 대한 견해 차이로 갈등이 있을 때도 있지만 그런 갈등이야말로 잘못된 투자를 막아주는 중요한 장치다. 서로가 미처 생각하지 못한 부분을 짚어줄 수 있기 때문이다. 그렇게 투자 실패의 가능성을 줄이고 투자의 성과는 극대화한다. 이렇게 목돈이 들어가는 부동산 투자는 온 가족이 참여해야 한다.

자본주의 사회에서
부자가 되는 방법

자본주의 사회에서 부자가 되는 방법은 대표적으로 3가지가 있다. 첫째, 기업을 만드는 방법, 둘째, 주식에 투자하는 방법, 셋째, 부동산에 투자하는 방법이다. 자본주의 사회에서 큰돈을 번 사람들은 대부분이 3가지 방법 중 하나로 부를 축적했다. 세계 최고의 부자 빌 게이츠는 첫 번째 방법으로 돈을 벌었고, 가치 투자의 대가로 손꼽히는 워런 버핏은 두 번째 방법으로 돈을 벌었다. 그리고 미국의 대통령이 된 도널드 트럼프는 세 번째 방법으로 돈을 벌었다.

예외적으로 스포츠 스타나 연예인처럼 다른 방법으로 제법 큰 소득을 올리는 사람도 있긴 하지만, 그들 역시도 그렇게 번 돈으로 기업을 만들거나 주식을 사거나 부동산에 투자해 자신들의 부를 증가시킨다. 피겨여왕 김연아 선수의 부동산 투자는 이미 알려져 있는 사실이고, 가수 이수만 씨나 양현석 씨의 경우 엔터테인먼트 기업을 세워 자신의 부를 증가시키고 있다.

문제는 평범한 사람들이다. 연예인이나 스포츠 스타처럼 뛰어난 외모나 능력을 가지고 있지 않으면서, 기업을 만들어 경영할 배짱은 없는 사람. 주식이나 부동산 투자는 엄두도 못 내보고 오로지 적금과 예금으로 열심히 노력하는 사람들. 안타깝게도 열심히 월급 받아서 저축하는 방법으로는 절대로 부자가 될 수 없다. 물가 상승과 주기적으로 발생하는 경제위기는 월급쟁이가 부자가 되는 것을 결코 허락하지 않는다.

그렇다면 이제 선택해야 한다. 돈을 크게 잃을 가능성은 없지만 부자가 될 가능성도 없는 선택지와 돈을 잃을 가능성은 있지만 동시에 부자가 될 가능성도 있는 선택지가 있다. 대부분의 사람들은 손실에 대한 두려움 때문에 부자가 될 가능성이 있는 선택지를 포기한다. 연예인처럼 매력적인 외모가 없어도, 스포츠 스타처럼 뛰어난 능력이 없어도 부자가 될 수 있는데 스스로 그 가능성을 포기하는 것이다. 그래서 대부분의 사람들은 경제적 자유를 누려보지 못한다. 오직 위험을 감수하기로 선택한 소수의 사람들만이 돈을 벌고 부자가 된다.

그렇다면 위험을 싫어하는 평범한 사람이 부자가 되기 위해서는 어떻게 해야 할까? 답은 이미 나와 있다. 3가지 방법 중 위험이 적은 선택지를 선택하는 것이다. 앞서 자본주의 사회에서 부자가 되는 방법을 크게 3가지라고 이야기했지만, 기업을 세우는 것이 아무나 할 수 없음을 떠올린다면 평범한 사람들에게 주어진 선택지는 사실상 2가지뿐이다. 주식과 부동산, 우리는 이 2가지 선택지 중에 하나를 선택해서 부를 일궈나가야 한다.

개인에게 불리한 주식 투자 vs.
개인에게 유리한 부동산 투자

먼저 주식이라는 선택지를 살펴보자. 주식 투자는 상장 기업에 나의 돈을 투자함으로써 그에 대한 대가로 이익을 나누는 것이다. 기업을 세우거나 경영해나갈 능력이 없더라도 돈만 투자한다면 나는 그 기업의 과실을 나눠 가질 수 있는 자격을 얻게 되는 것이다. 그런데 주식 투자를 하려면 그 기업의 상태를 알기 위해 재무제표도 볼 줄 알아야 하고, 회사의 경영진들과 경영 상황을 확인해야 하는데, 이는 개인의 입장에서 쉽지 않은 일이다. 또한 자본의 규모가 큰 기관과 외국인 투자자와 함께 투자를 해야 하는데 자본이 적은 개인 투자자에게 결코 유리하지 않다. 실제로 많은 개인 투자자들이 이익보다는 손실을 보고 있다.

반면에 부동산은 조금 상황이 다르다. 부동산은 개인 투자자에게 유리하다. 부동산은 로컬 비즈니스(Local Business)다. 부동산은 움직이지 않기 때문에 투자하기 위해서는 부동산이 있는 위치에 와서 물건을 봐야 한다. 그래서 대규모 자본의 힘으로 시장을 지배하는 데 한계가 있다. 지역마다, 물건마다 모두 특성이 다르기 때문에 섬세하게 물건을 하나하나 살펴야 하는데 기업 입장에서는 오히려 쉽지 않은 일이다. 여기에 바로 투자의 기회가 있다. 대규모 자본을 가진 기업이 들어오기 어렵고, 외국인 투자자는 큰 관심을 갖지 않는 시장. 부동산 시장은 개인 투자자의 입장에서 상대적으로 공평한 투자를 할 수 있는 투자처다.

경험적으로 우리는 부동산에 대해 잘 알고 있다. 어렸을 때부터 살아온 집이 바로 부동산이며, 오늘 나가는 가게도 역시 부동산이다. 최악의 경우 투자가 잘못되더라도 그 집에 들어가서 살면 되고 그 가게에서 장사를 하면 된다. 또한 부동산 가격은 꾸준히 상승해왔다는 것을 우리는 몸으로 겪어 알고 있다. IMF 사태와 2008년 글로벌 경제 위기 당시 부동산 가격이 하락하는 모습을 보이기도 했지만, 시간이 지나면서 다시 가격이 오른 것을 똑똑히 보았다. 혹여 값이 떨어진다 하더라도 최소한 땅이나 집은 남아 있으니 주식처럼 쓸모없는 휴지조각이 될 가능성도 없다. 부동산 투자는 '상대적으로' 위험은 적으며 수익은 높다.

제1, 제2, 제3의 월급봉투는
많을수록 좋다

경제적 자유를 이루기 위해서는 월급만으로 되지 않는다. 월급만 가지고 사는 사람은 매달 꼬박꼬박 나오는 월급을 가장 안전하고 확실한 자산으로 생각하겠지만, 회사가 어려워지면 그 월급봉투는 언제 사라질지 알 수 없다. 가장 안전하다고 생각했던 것이 가장 큰 위험 요인이 될 수 있다는 말이다.

그래서 우리는 투자를 해야 한다. 투자를 한다는 것은 다니던 회사를 그만두고 수익률이 높은 곳에 돈을 넣자는 것이 아니다. 투자의 진정한 의미는 제2의 월급, 제3의 월급을 만드는 데 있다. 어떤 위기가 닥쳐서 불가피하게 하나의 월급이 끊기더라도 제2의 월급, 제3의 월급이 있다면 나의 삶은 크게 영향을 받지 않을 것이다. 두려움이 많고 미래에 대한 공포가 많을수록 투자를 해야 한다. 아무것도 하지 않는 것이야말로 정말 위험한 것이다.

그런데 대다수의 사람들은 반대로 생각하고 있다. 두려움과 공포가 많을수록 월급에 의존하는 삶을 살아가려 하고, 그 월급의 일부를 통장에 넣는 것으로 만족한다. 과거에는 이런 방법도 나쁘지 않았다. 금리가 연 20%가 넘는 예금이자를 받던 때도 있었으니까. 하지만 이제는 상황이 바뀌었다. 금리가 2%를 넘지 못하는데 물가는 계속 큰 폭으로 상승하고 있다. 그런데도 과거의 방법을 고집하며, 통장 안에 들어 있는 돈을 보고 안심하고 있다. 경제적 안정을 이루고 싶다면 두려워할 대상을 바꿔야 한다. 우리가 정말로 두려워해야 하는 것은 투자를 해서 발생하게 될지도 모르는 손실이 아니라 투자를 하지 않아서 맞게 되는 미래다.

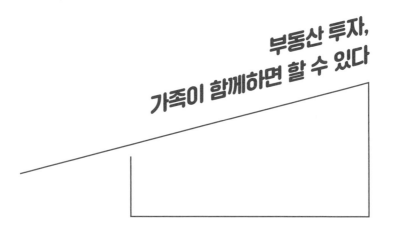

부동산 투자, 가족이 함께하면 할 수 있다

부동산 투자를 하는 데 가장 큰 걸림돌이 되는 것은 무엇일까? 돈? 정보? 이것들은 부동산 투자를 하는 데 분명 필요하지만, 어느 하나가 빠진다고 해도 투자를 못하는 것은 아니다. 돈이 없으면 은행에서 대출을 받거나 타인의 자본을 이용해 투자하면 되고, 많은 정보가 없어도 기본적인 투자는 할 수 있다. 많은 사람들이 "돈이 없어서 투자를 못한다." "정보가 없어서 투자를 못한다."고들 하지만 사실은 그렇지 않다. 그들이 진짜 투자를 못하는 이유는 따로 있다. 바로 투자가 두렵기 때문이다.

투자의 가장 큰 적은
두려움이다

자신이 투자한 부동산 가격이 2년 뒤에 올라간다는 보장만 있다면 그 부동산에 투자하지 않을 사람이 있을까? 대출을 받아서 빚을 내서라도 그 부동산에 투자할 것이다. 정보나 지식이 없어서 투자를 못한다는 것도 사실 '이' 부동산 투자에 대한 두려움이 크다는 말이다. '이러이러한 근거 때문에 이 부동산은 가격이 오를 거야.' '이렇기 때문에 이 부동산은 절대 가격이 하락할 수 없어.' 등의 근거를 통해 자신의 두려움을 없애고 싶은 것이다.

사실 두려움은 누구나 가지고 있다. 전문가든 전문가가 아니든 미래는 누구도 알 수 없기 때문이다. 세계적인 경제학자들도 2008년 금융위기를 예측하지 못했고, 경제 전망에 대한 리포트를 작성하는 애널리스트 역시 1년 앞의 미래를 내다보지 못한다. 그러니 정보나 지식으로 무장해 두려움을 없애는 것은 불가능하다. 정보나 지식을 많이 가지고 있을수록 오히려 이것저것 생각이 많아져 두려움이 커지는 경우도 많다. 실례로 어느 증권사 임원은 자신의 경제 전망 강의에서 2006년 인구절벽을 우려한 판단으로 자신의 부동산을 모두 팔았음을 고백하기도 했다. 정보와 지식으로 무장한 전문가였지만 인구절벽에 대한 지나친 공포 때문에 잘못된 판단을 내린 것이다.

사실 투자를 잘하는 사람은 돈이 많거나, 지식이나 정보가 많은 사람이 아니다. 돈이 많은 사람이 투자를 잘한다면 부자가 망하는 일은 절대 없을 것이고, 지식이나 정보를 많이 가진 사람이 투자를 잘한다면 부동산학과 교수들은 대부분 부동산을 통해 막대한 부를 형성했을 것이다. 그러나 실제로 그렇지 않다.

정말 투자를 잘하는 사람은
용기를 가진 사람이다

그렇다면 어떤 사람이 투자를 잘하는 것일까? 바로 용기 있는 사람이다. 투자의 기본은 싸게 사서 비싸게 파는 것이다. 그만큼 매매차이이 커져 수익이 극대화되기 때문이다. 누구나 알고 있는 이 원칙을 많은 사람들이 실천하지 못하는 이유가 무엇일까?

일단 가격이 쌀 때 사지 못하는 이유를 살펴보자. 부동산 가격은 언제 쌀까? 아마 모두가 팔려고 할 때 가격이 쌀 것이다. 너도나도 팔려고 부동산을 내놓으려 할 테니 가격을 경쟁적으로 낮추기 때문이다. 그런데 사람들이 모두 팔려고 하는 데는 이유가 있다. 세계경제 전망이 어둡다든지, 우리나라가 경제위기에 빠진다든지, 아니면 인구 감소 등과 같은 이유로 부동산 전망을 부정적으로 보는 경우 사람들은 부동산을 팔려고 한다. 이유야 어찌 되었든 사람들이 부동산을 처분하고 있을 때 용감하게 부동산을 살 수 있을까? 굉장한 용기가 필요하다. 그 용기를 낸 사람은 부동산을 헐값에 구입할 수 있었고 성공적인 투자를 해냈다.

가격이 비쌀 때 팔지 못하는 이유도 마찬가지다. 부동산 가격이 비쌀 때는 너도나도 사려고 할 때다. 장밋빛 전망에 하룻밤 자고 일어나면 아파트 값이 수천만 원씩 오르는 상황에서 부동산을 팔기란 매우 어렵다. 그래서 부동산을 계속 보유하게 된다. 언젠가 가격이 정점에 이르고, 형성된 버블이 꺼질 것이라는 사실을 알지만 팔고 나서도 아파트 값이 계속 오르는 상황이 두려워 팔지 못한다. 그리고 마침내 가격이 정점에 이른 후 버블이 터진 것을 확인하고 나면 그때서야 부동산을 팔려고 한다. 이때는 당연히 모두가 팔려고 하기 때문에 잘 팔리지 않는다.

최저점에 사서 최고점에 파는 것은 불가능하다. 하지만 저점에 사고 고점에 파는 것은 어느 정도 가능하다. 용기가 있다면 말이다. 하지만 이 '용기'라는 게 참 내기가 어렵다. 두려움에 사로잡히면 아무 생각도 나지 않아 아무것도 할 수 없게 된다. 부동산 투자를 할 때도 두려움에 빠지면 일단 자신이 가진 부동산을 전부 팔아야 직성이 풀린다. 언론에서, 그리고 주변 사람들이 부동산 시장이 망한다고 하니 당장이라도 팔아야 될 것처럼 생각한다. 이때 부동산은 하루 빨리 다른 사람에게 넘겨야 하는 시한폭탄이다.

반대로 경제위기에 부동산을 헐값에 살 수 있다는 사실을 분명히 알고 있는 사람들도 막상 위기가 닥치면 부동산 매수에 선뜻 나서지 못한다. 가격이 더 떨어질까 봐 두렵기 때문이다. 이 정도면 충분히 싼 가격이라고 판단해도 주변에서 부동산 폭망론이 계속 들리니 부동산 투자를 계속 주저하게 된다.

이때 용기를 줄 수 있는 사람은 가족이다. 단순히 말뿐만이 아니라 투자가 실패해도 함께 고생을 감내하는 가족만이 투자를 결정하는 사람에게 용기를 줄 수 있다. 두려움에 사로잡히면 자기가 보고 싶은 것만 보게 되는 확증 편향에 빠지기 때문에 그 어떤 전문가의 말도 들리지 않는다. 그래서 가족의 역할은 투자에서 매우 중요하다.

아버지의 판단에
용기를 심어드리다

우리 가족도 그랬다. 2014년, 아버지는 칠곡군 석적읍에 위치한 다가구주택을 팔아야 할지 계속 보유해야 할지 고민했다. 구미공단의 배후 주거지역이었던 칠곡군 석적읍은 당시 박근혜 전 대통령에게 거는 기대가 컸다. 박정희 전 대통령의 생가가 구미에 있었기 때문에 구미공단이 활성화될 것으로 기대하고 있었기 때문이다.

또한 그동안 부동산 가격이 잘 오르지 않아 이제는 오를 것이라는 막연한 기대감이 형성되어 있었다. 이런 분위기 속에서 아버지는 부동산을 매수했던 가격보다 조금 낮춰서 파는 것이 옳은지 고민했다. 부동산을 매각할 수 있는 기회 앞에서 아버지는 손해를 보면 안 된다는 생각에 망설였고, 나는 여러 가지 근거를 들어 지금 부동산을 팔아야 한다고 말씀드렸다. 아버지는 내 말을 듣고는 가족회의를 열어 결국 부동산을 팔기로 결정했다. 비록 매수가보다 못 미치는 금액에 파는 것이었지만 가족 모두가 아버지의 의견에 동의하자 아버지는 용기를 내서 매각을 결정했다.

결과적으로 그 판단은 옳았다. 구미공단은 그 후로도 어려움을 겪었고 칠곡군 석적읍 중리의 부동산도 가격이 계속 떨어졌다. 심지어 지금은 매수가의 반 토막이 났다. 우리 가족이 아버지의 생각에 힘을 실어주지 않았다면 아마 우리는 지금까지도 그 부동산을 팔지 못했을 것이다.

가족은 기쁠 때나 슬플 때, 잘될 때나 안 될 때 늘 함께 곁에 있어주는 존재다. 세상 모든 사람들이 믿지 않아도 믿어주는 게 가족이고, 아무리 못난 나라도 감싸고 보듬어주는 게 가족이다. 가족은 두려움 속에서 용기를 낼 수 있는 힘을 준다. 투자를 결정할 때도 마찬가지다. 투자의 결과를 함께 책임져주는 가족이 힘을 실어준다면 투자를 결정하는 데 더 이상 망설일 이유가 없다. 나 자신과 나를 믿어주는 가족을 믿고 내가 옳다고 생각한 그 결정을 추진해나갈 수 있다.

부동산 투자가 두려운가? 부동산 투자가 두렵다면 가족들과 함께 투자에 나서자. 함께하면 두려울 것도 없다. 투자에 대한 책임을 함께 지는 가족이 합심한다면 실패에 대한 두려움도 사라질 것이다.

앞으로 집을 몇 채 가지게 될지는 부동산에 대한 생각에 따라 달라진다. 빚이

절대 있으면 안 된다고 생각하는 사람은 그만큼 집을 사는 데 시간이 오래 걸릴

가능성이 높다. 이제라도 부동산에 관심을 갖고 생각을 바꿔야 한다. 부동산을

수십 채씩 가진 사람들은 처음부터 돈이 많아서 그렇게 많은 집을 가지게 된 것

이 아니다. 차이는 바로 부동산에 대한 생각이다.

2장

출발선은 같아도
결과는 다르다

어떤 부동산 부자라도
0채부터 시작한다

우리나라에서 집을 가장 많이 가진 사람은 몇 채나 가지고 있을까? 2017년 6월을 기준으로 우리나라에서 가장 많은 집을 가진 사람은 광주 서구에 살고 있는 40대 남성으로 1,659채를 보유하고 있다고 한다. 그 뒤를 이어 두 번째로 많이 가진 사람은 700채, 세 번째로 많이 가진 사람은 605채를 가지고 있다. 놀랍지 않은가? 집 1채도 마련하기 힘든 세상에 수백 채가 넘는 집을 보유한 사람이 존재한다는 사실이 말이다.

　이런 뉴스를 접할 때 가장 먼저 드는 감정은 부러움일 것이다. 하지만 이들을 부러워할 필요는 없다. 이들은 먼저 시작했을 뿐이니까. 우

출발선은 같아도 결과는 다르다

59

구분	임대사업자 수(명)	임대주택		1인당 평균 보유 주택 수	임대주택 최다보유자(명)	
		주택 수	비율(%)		나이(세)	주택 수
강원	2,777	9,216	1	3.3	91	299
경기	54,062	158,322	25	2.9	46	341
경남	6,780	19,807	3	2.9	50	700
경북	2,382	6,332	1	2.7	56	43
광주	4,541	22,381	3	4.9	43	1,659
대구	6,480	15,192	2	2.3	54	140
대전	4,122	16,367	3	4.0	37	214
부산	13,672	81,038	13	5.9	65	213
서울	57,575	198,547	31	3.4	53	480
세종	1,251	3,151	0.5	2.5	44	94
울산	2,580	10,140	2	3.9	53	179
인천	8,752	22,905	4	2.6	57	208
전남	2,919	10,490	2	3.6	67	389
전북	2,320	13,000	2	5.6	39	337
제주	1,593	7,012	1	4.4	61	312
충남	5,975	26,727	4	4.5	48	455
충북	4,423	23,409	4	5.3	39	485
합계	182,204	644,036	100	3.5	–	–

자료 : 최인호 국회의원실

리는 부동산 부자들을 뭔가 특별한 사람으로 보는 경향이 있다. 우리와는 다른 뛰어난 재능이 있거나, 부동산 투자에 특별한 수완이 있거나, 아니면 부모를 잘 만나서 막대한 재산을 물려받아 편하게 살아가는 사람이라고 생각하곤 한다. 물론 일부는 그럴 수도 있지만 부모로부터 100채, 200채의 부동산을 물려받는 경우가 얼마나 될까.

부동산 부자들은
처음부터 집이 많았을까

우리가 책이나 언론에서 볼 수 있는 부동산 전문가나 부동산 투자자들은 어떨까? 특별한 재능이 있거나 부모로부터 막대한 부를 물려받아 부동산 투자를 하고 있을까?

『나는 돈이 없어도 경매를 한다』의 저자 이현정 씨는 26세에 결혼해 30세가 되기 전에 두 아이의 엄마가 되었다. 학습지 교사, 설문지 아르바이트, 재무설계사 등 여러 직업에 종사하다가, 39세에 부동산 경매를 우연히 접해 지금은 수십 채의 부동산을 보유하고 있다.

『나는 갭 투자로 300채 집주인이 되었다』의 저자 박정수 씨도 평범한 직장인이었다. 억울한 사연으로 몇 차례 직장을 옮기면서, 힘을 갖기 위해 아파트 100채를 가지기로 결심했고, 지금은 수백 채에 이르는 부동산을 보유하고 있다. 이들뿐만이 아니다.

『나는 부동산과 맞벌이한다』의 저자 너바나는 남들처럼 대학을 졸업하고 취업했다가 부동산 투자의 필요성을 깨닫고는 투자를 시작해 6년간 50채를 모았고, 『싱글맘 부동산 경매로 홀로서기』의 저자 이선미 씨는 2012년 통장에 잔고가 20만 원도 없던 싱글맘에서 불과 2년 만에 30채의 집을 갖게 되었다.

이들의 이야기가 우리에게 시사하는 바는 무엇일까? 대다수의 사람들은 이런 이야기를 들으면 나와는 거리가 먼 이야기라고 생각한다. 이들에게 타고난 재능이나 특별한 능력이 있어서 투자에 성공했다고 생각한다. 자신은 그렇게 될 수 없다고 생각하기 때문에 그들을 다른 존재로 여기고 그들의 이야기에 귀 기울이지 않는다.

정말로 그들이 타고난 재능이나 특별한 능력이 있어서 성공한 것일까? 정말 그런 능력이 있었다면 평범하게 직장 생활을 하거나 어려운 시기를 보낼 필요가 있었을까? 처음부터 부동산 투자에 뛰어들어 부를 축적하지 않았을까? 정말로 이들이 우리와 '다른 존재'였다면 그들의 책에 쓰여 있는 어려운 시기는 없었을 것이다. 이들 역시 우리처럼 돈 때문에 고민하던 시기가 있었고, 그 시기에 부동산에 눈을 떠 지금과 같은 결과를 이루어냈을 뿐이다.

보통의 경우에 성공한 사람들의 이야기를 들으면 우리는 그들이 이루어낸 결과에만 관심을 갖는다. 하지만 성공한 사람들의 결과물, 즉 집 30채, 50채, 300채 등의 수치에만 주목하면 정말 중요한 것을 놓치기 쉽다. 수십 채, 수백 채에 가려져 보이지 않는 중요한 숫자 0 말이다. 성공한 이들의 드라마틱한 경험담을 듣기 시작하면 그들도 처음에는 0채에서 시작했다는 사실을 까맣게 잊고 만다. 30채를 가진 사람도, 300채를 가진 사람도 모두 0채에서 시작했다는 사실을 말이다.

책을 쓰고 강연을 하는 그들도 우리와 출발점이 같았다. 그들도 무주택자이던 시기가 있었으며, 부동산에 관심이 없었던 시기가 있었다. 우연히 우리보다 먼저 부동산 투자에 관심을 갖게 되었고 그래서 먼저 성과를 이룰 수 있었다. 단지 그것뿐이다.

누구나 출발선은
0에서부터 시작된다

이러한 사실을 깨달은 사람들은 이미 부동산 투자에 참여하고 있다. 여전히 언론에서는 내 집 마련하기가 너무나도 어려운 일인 것처럼 말하지만, 통계청에서 발표한 자료에 따르면 2016년 기준으로 2주택 이상 다주택자는 197만 명에 이른다. 집이 0채였던 수많은 사람들이 1채, 2채씩 갖기 시작한 것이다. 그리고 앞으로 더 많은 사람들이 부동산 투자에 참여하게 될 것이다. 물론 그들의 출발선도 모두 0채다.

지금 당신의 숫자가 0이라는 사실은 부끄러워할 일이 아니다. 0이라는 건 수많은 부동산 부자들이 그러했듯이 이제 막 부동산 투자를 시작한다는 의미니까 말이다. 물론 우리가 책에 나오는 사람들처럼 수십 채, 수백 채의 부동산을 보유할 필요는 없다. 그러나 우리가 살아가는 데 0이라는 숫자를 1로 바꿀 필요는 있다는 사실, 그리고 여기에 1을 더해 2를 만든다면 삶이 조금 더 윤택해질 수 있다는 사실은 알 필요가 있다.

0이라는 숫자 앞에 선 당신, 부동산 부자들의 찬란한 성과물을 더 이상 부러워하지 말자. 수십, 수백에 달하는 그들의 숫자는 당신도 그 렇게 될 수 있다는 것을 증명한 고마운 증거일 뿐 부러움의 대상이 아 니다.

부채에 대한 생각의 차이가 부자를 결정짓는다

'마의 10초 벽.' 인간은 100m 거리를 10초 안에 뛸 수 없다는 이 말은 1968년까지 사실이었다. 실제로 그때까지 그 누구도 100m를 10초 안에 뛰지 못했다. 그런데 1968년 전미육상선수권대회에서 무려 3명의 선수가 동시에 100m를 9초대에 뛰는 일이 발생했다. 대회 운영위원회는 이를 믿을 수 없어 곧바로 기록으로 인정하지 않고 트랙의 길이를 재측정하기로 결정했다. 그렇게 트랙의 길이를 다시 확인하고 나서야 이들의 기록은 공식기록으로 인정받을 수 있었다. 이는 당시 인간이 100m를 10초 안에 뛸 수 없다는 생각이 얼마나 강했는지를 보여주는 사례다.

신기한 것은 그다음에 일어난 일이다. 그렇게 '마의 10초 벽'이 깨지자 수많은 선수들이 10초 안에 100m를 뛰기 시작한 것이다. 100m를 10초 안에 뛸 수 없다는 생각이 뛸 수 있다는 생각으로 바뀌자 그것이 더 쉽게 가능해졌다.

부동산 투자 책에서 육상에 대한 이야기를 하는 이유는 이 '마의 10초 벽'이 부동산 투자에도 시사하는 바가 있기 때문이다. 바로 생각이 중요하다는 것이다. 부동산 세계에는 3가지 유형의 사람들이 살아가고 있다. 집을 하나도 가지고 있지 않은 사람, 집을 1채만 가지고 있는 사람, 집을 2채 이상 가지고 있는 사람. 이 세 사람은 모두 같은 시간과 공간에 있지만 각기 다른 생각을 가지고 살아간다. 그리고 그 생각의 차이가 삶의 차이를 만들어낸다.

모든 것은
생각의 차이에서 비롯된다

집이 하나도 없는 사람은 남의 돈을 무섭게 생각한다. 언젠가 갚아야 하는 돈은 모두 나쁜 것이며 없을수록 좋다고 여긴다. 그래서 이들은 남의 돈을 최대한 빌리지 않으려고 노력한다. 자신의 소득 내에서 분수에 맞게 소비하는 것을 미덕으로 여기며, 순자산은 항상 '플러스(+)'를 유지한다. 이들에게 순자산이 '마이너스(-)'가 되는 것은 부끄럽고 괴로운 일이기 때문에 절대로 빚을 내서 집을 사지 않는다. 집값을 모을 때까지 열심히 저축하며 전세나 월세를 산다.

집을 1채 가지고 있는 사람들은 남의 돈이라고 무조건 겁내지 않는다. 자신의 직업과 소득수준, 자산 가치 등을 평가해 상환 계획을 제시하는 은행 대출을 이용할 줄 안다. 그래서 이들은 대출금을 충분히 갚을 수 있다는 판단이 서면 기꺼이 대출을 껴서 자신이 살아갈 집을 구입한다. 저리로 제공되는 주택담보대출을 활용해 자신들의 보금자리를 마련하는 것이다. 그렇게 집을 마련한 이들은 남은 인생을 대출금을 갚는 데 집중한다. 남의 돈을 무서워하지는 않지만 빚은 나쁜 것이라고 생각하기 때문에 최대한 빨리 빚을 없애는 데 집중한다.

집을 2채 이상 가지고 있는 사람들은 위의 사람들과는 확연히 다르다. 이들은 남의 돈을 좋아한다. 자신의 돈보다 남의 돈 쓰기를 더 좋아하는 사람들이 바로 이들이다. 그래서 최대한 남의 돈을 쓰려고 노력한다. 첫 집은 정부에서 제공하는 저금리의 주택담보대출을 이용해 구입하고, 대출금은 최대한 천천히 갚아나간다.

여기서 끝이 아니다. 그들은 첫 집에 대한 대출금을 갚기도 전에 두 번째 집을 찾아 나선다. 앞의 두 사람이 대출금을 갚는 데 집중하는 반면, 이들은 이자만 내면서 원금에 대한 상환을 최대한 미룬다. 그들은 그렇게 확보된 자기자본을 활용해 두 번째 집에 투자한다. 물론 두 번째 집을 살 때도 최대한 남의 돈을 이용한다. 은행에서 추가적으로 대출을 받을 수 있으면 대출금을 더 늘리고, 대출이 여의치 않으면 전세를 끼고 다른 사람의 돈으로 집을 구입한다. 그렇게 그들은 자본을 최대한 활용해 부동산 투자를 해나간다.

이렇게 부채에 대해 다른 태도는 시간이 지날수록 큰 차이로 이어진다. 소득이 상승하는 속도보다 물가가 상승하는 속도가 더 빠르기 때문이다. 열심히 돈을 벌고 저축해도 집을 사기 어려운 이유가 여기에 있다. 아파트를 부채 하나 끼지 않고 안전하게 사려는 사람들은 아파트 값을 열심히 모아도 항상 돈이 부족한 상황에 직면하게 된다. 아파트 값은 우리가 돈을 모을 시간을 기다려주지 않는다.

반대로 대출을 받든 전세를 끼든, 아파트를 어떻게든 마련한 사람은 아파트 값이 상승하면 자산이 형성되기 시작한다. 물론 아파트 값이 상승했다고 해서 내 주머니로 돈이 바로 들어오는 것은 아니지만 나중에 아파트를 매각할 때 그 수익을 체감하게 된다. 그래서 처음에는 불안한 마음으로 아파트를 구입한 사람들도 이런 상승을 경험하는 순간 더 이상 담보대출을 두려워하지 않게 된다. 아파트의 전세가가 지속적으로 상승하고, 매매가 역시 오른다는 것을 경험적으로 알기 때문이다.

부동산 투자의 시작은
생각을 바꾸는 것이다

집을 몇 채 가지게 되는지는 무엇에서 결정될까? 직업, 수중에 있는 돈, 거주지, 좋은 학벌, 이런 것들이 중요할까? 전혀 그렇지 않다. 바로 부동산에 대한 생각에서부터 비롯된다. '빚은 절대 있으면 안 돼.'라고 생각한 사람은 그만큼 집을 사는 데 시간이 오래 걸리고, '감당할 수 있는 빚은 최대한 이용해서 투자해야 해.'라고 생각한 사람은 그만큼 많은 집을 빨리 사게 된다.

그렇다면 이런 생각의 차이는 어디에서부터 시작될까? 바로 정보다. 책, 주변 사람, 인터넷, 신문 등 다양한 매체에서 전해지는 정보를 통해 우리는 생각을 바꿀 수 있다. 이런 매체들은 우리 주변에서 손쉽게 접할 수 있는 것들이지만 관심이 없으면 보이지 않는다. 아파트 값이 올랐다는 신문 기사는 다른 나라 이야기가 되고, 친구가 아파트 청약에 당첨됐다는 소식도 그냥 남의 이야기일 뿐이다. 자신은 오로지 돈이 없어서 아파트를 사지 못한다고 생각하기 때문에 아파트를 사는 것은 생각조차 할 수 없다.

이제라도 관심을 갖고 생각을 바꿔야 한다. 부동산을 수십 채씩 가진 사람들은 돈이 많아서 그렇게 많은 집을 가지게 된 것이 아니다. 돈이 많은 사람들 중에도 부동산을 하나만 가지고 있는 사람도 있다. 차이는 바로 부동산에 대한 생각이다. 내 집 하나라도 마련하고 싶은가? 혹은 수십 채씩 아파트를 가진 사람들이 부러운가? 가장 먼저 부동산에 대한 생각을 바꾸자. 거기서부터 모든 것이 시작된다.

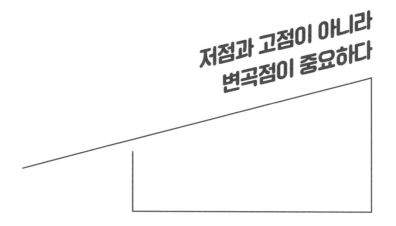

저점과 고점은
지나가야 보인다

초보 투자자든 전문가든 모든 투자자들이 저점에 사서 고점에 팔기를 원한다. 쉽게 말하면, 살 때는 제일 싸게 사고 팔 때는 제일 비싸게 팔고 싶은 것이다. 시간이 지나고 나면 저점과 고점이 보인다. '이때 샀으면 벌써 돈을 꽤 벌었을 텐데.' '이때 딱 팔았으면 돈 많이 벌었을 텐데.' 이런 아쉬움 섞인 한탄은 투자를 하는 사람이라면 누구나 한 번쯤 하기 마련이다. 그래서 저점을 찾아 매수하고 고점을 찾아 매도하려고 노력한다. 전문가를 따라다니며 투자에 대한 이야기를 들으려는 것도 이 때문이다. 하지만 우리는 최저점에 사고 최고점에 팔 수 없다. 최저점과 최고점은 그 시점을 알기도 어렵지만, 그 시점을 알게 된다 하더라도 실행에 옮기기는 더 어렵기 때문이다.

부동산 가격이 가장 낮을 때는 언제일까? 모든 사람들이 팔려고 할 때다. 반대로 부동산 가격이 가장 높을 때는 모든 사람들이 살려고 할 때다. 그러면 우리가 부동산을 가장 싸게 사서 비싸게 팔려면 어떻게 해야 할까? 모든 사람들이 비관론에 빠져 부동산을 못 팔아 안달이 났을 때 부동산을 사야 하고, 모든 사람들이 낙관론에 빠져 기대가 가득 차 부동산을 가진 사람들이 모두 행복해 할 때 부동산을 처분해야 한다. 이게 과연 가능할까?

솔로몬 애쉬라는 심리학자가 있었다. 그는 인류 역사에 길이 남을 만한 심리 실험을 했는데 바로 '선분 실험'이다. 우선 하나의 선분이 그려진 카드를 실험자에게 보여주었다. 그리고 길이가 다른 3개의 선분을 제시한 후 앞서 보여준 선분과 길이가 같은 선분을 고르도록 했다. 7명이 함께 모여 이 실험에 참가했는데, 사전에 6명은 길이가 다른 선분을 선택하도록 지시를 받았고 단 1명만이 순수한 실험 참가자였다.

결과는 어떻게 되었을까? 길이가 같은 선분을 고른 실험자는 63%에 불과했다. 37%는 정말 선분의 길이가 똑같다고 생각해서 다른 선분을 골랐을까? 애쉬의 선분 실험은 명확한 답이 존재하는 상황에서도 집단의 압력에 의해 올바르지 않은 선택을 하게 된다는 것을 보여

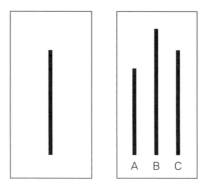

| 애쉬의 선분 실험에서 사용된 실험 자극 |

자료 : Asch. S. E.(1970). Studies of independence and conformity : A minority of one against a unanimous majority. Psychological Monographs, 70(9), 1~70.

준다. 6명의 계획된 오답이 남은 1명에게도 오답을 고르도록 영향을 준 것이다.

알고도 잡기 어려운
저점 매수와 고점 매도

다시 부동산 이야기로 돌아가보자. 애쉬의 선분 실험은 우리가 저점에 사고 고점에 파는 것이 불가능한 이유를 잘 설명해준다. 경제위기가 닥친 시장의 상황을 상상해보자. 경제위기로 인해 부동산 가격이 폭락하면 시장 참여자들은 공포에 질리게 된다. 가격이 계속 떨어질 것 같은 생각이 들기 때문이다. 그래서 자신이 가진 부동산을 빨리 처분하고자 가격을 더 내려서 내놓는다. 상승장에서도 마찬가지다. 부동산 가격이 상승하기 시작하면 부동산이 계속 오를 거라고 생각한다. 가격이 더 빨리 더 많이 오를수록 이러한 생각은 점점 더 강해진다. 그래서 내놓았던 물건도 다시 거두게 된다.

이런 상황에서 대중과 반대로 행동하기는 정말 어려운 일이다. 애쉬의 선분 실험에서 보았듯이 명백한 정답이 있는 상황에서도 37%의 사람들이 대중의 의견을 따라 오답을 골랐다. 그런데 부동산 투자는 명백한 정답조차 존재하지 않는다. 불확실성 속에서 선택을 해야 하는 더 어려운 상황이다. 이때 과감하게 대다수의 의견과 다른 선택을 할 수 있을까? 많은 사람들이 그렇듯이 다양한 언론 매체의 보도 내용에 영향을 받고, 전문가라는 사람들의 영향을 받고, 중개사무소에서 의견을 듣고, 가까운 지인들의 생각을 듣고, 결국은 대중과 같이 움직이게 된다.

그러면 우리가 저점에 사고 고점에 팔고자 하는 노력이 무의미한 것일까? 그렇지는 않다. 단지 우리가 주목해야 하는 포인트가 잘못되었을 뿐이다. 우리가 주목해야 하는 포인트는 저점이나 고점이 아니다. 어차피 최저점이나 최고점이라는 것은 시간이 지나서야 비로소 알 수 있게 되는 것이다. 미래는 아무도 알 수 없는 것이라서 우연히 한두 번 예측에 성공한 사람은 있을 수 있지만 매번 계속 맞히는 사람은 없다. 실제로 2007년 부동산 전문가들의 인터뷰 기사를 찾아보라. 지금 활동하고 있는 부동산 전문가들도 저점이나 고점을 예측하지 못했다는 것을 금방 알 수 있다.

변화가 일어나는 지점에
기회가 생긴다

그렇다면 우리는 무엇에 주목해야 할까? 그것은 바로 '변곡점'이다. 변곡점이란 쉽게 말하면 변화가 일어나는 지점이다. 상승하던 시장이 하락으로 변화하거나 하락하던 시장이 반등해 상승하는 지점 말이다. 이 변곡점이 일어나면 시장은 방향을 전환해 움직이기 시작한다. 끝없이 오를 것 같던 부동산 가격이 잠시 주춤하더니 떨어지기 시작하거나, 끝없이 하락할 것 같던 부동산 가격이 어느 순간 주춤하더니 상승하기 시작한다. 이런 변곡점을 확인하고 나서 우리는 투자를 결정해야 한다. "무릎에 사서 어깨에 팔라."는 투자 격언은 이러한 변곡점을 통해 시장의 변화를 인식한 후에 투자에 나서라는 의미다.

　부동산 시장에서 변곡점을 만드는 요소는 여러 가지가 있다. 정부 정책, 공급물량, 분양물량, 분양가, 대출제도, 시장금리 등이 부동산 시장에 변곡점을 만드는 주요 요소다. 이러한 정보에는 눈을 부릅뜨고 시장의 변화를 주시해야 한다. 정부가 부동산 정책을 발표하고 나서 매매가와 전세가는 어떻게 변화했는지, 언론에서는 어떻게 기사를 쏟아내고 있는지, 시장 참여자들은 어떻게 생각하는지 끊임없이 관찰해야 한다. 그래야 시장의 변화를 느낄 수 있고, 그 변화를 민감하게 느껴야 변곡점인지 아닌지를 판단할 수 있다.

부동산 통계 자료를 얻을 수 있는 사이트

온나라부동산정보 통합포털(www.onnara.go.kr)

전국의 토지, 주택 등 부동산 가격(실거래가/공시지가/주택공시가격), 분양 정보, 토지이용규제정보를 필지별로 제공하는 부동산 정보 포털 서비스

KB부동산 Liiv ON(nland.kbstar.com)

KB국민은행에서 제공하는 부동산 통계·정보 서비스

한국감정원(www.kab.co.kr)

부동산의 가격 공시 및 통계·정보 서비스

KOSIS 국가통계포털(kosis.kr)

국내·국제·북한의 주요 통계를 한곳에 모아 이용자가 원하는 통계를 한 번에 찾을 수 있도록 통계청이 제공하는 원스톱 통계 서비스

한국은행경제통계시스템(ecos.bok.or.kr)

통화 및 금리, 국민소득, 물가, 국제수지, 자금순환, 경기, 기업 경영 분석, 산업 연관 분석 등 경제 각 분야에 걸친 주요 국가기본경제 통계 서비스

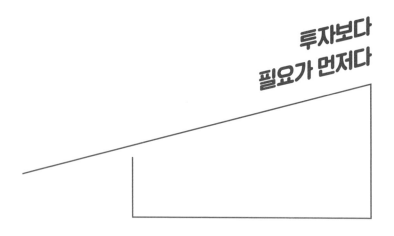

투자보다
필요가 먼저다

'집은 사는 것이 아니라 사는 곳'이라는 슬로건이 무색할 만큼 많은 사람들이 언제부터인가 부동산을 주거 대상이 아닌 투자 대상으로 바라보기 시작했다. 아파트를 산다고 하면 산 이유를 묻기도 전에 그 아파트가 오를지에 대해 이야기할 정도니 말이다. 집을 1채 마련하는 데도 10년 이상 걸린다고 하고, 강남에 아파트 1채 가지고 있었다는 이유로 저절로 부자가 된 사람들도 많으니 부동산에 대한 시선이 온통 사는 것에 머무르는 것은 어찌 보면 당연하다.

부동산을 투자 대상으로 볼수록
투자가 어려워진다

나는 부동산을 투자자의 관점으로 바라보는 것에 대해 부정적으로 생각하지 않는다. 당연히 부동산을 매수할 때는 투자 측면에서도 고려해야 한다. 하지만 이런 시선이 너무 과하면 오히려 부동산을 매수하는 데 걸림돌이 된다.

블로그에 부동산 관련 글을 올리면 늘 비밀댓글이나 쪽지로 아파트에 대해 문의하는 분들이 있다. 자신의 사연을 소개하면서 어느 아파트 몇 평대를 구입해도 좋을지를 묻는다. 쪽지를 보내는 대부분의 사람들이 직주 근접성과 학군 등에 대해 이야기하면서 해당 아파트를 문의하지만, 결국 궁금한 점은 이 아파트의 가격이 오르겠는가 떨어지겠는가 하는 것이다. 남편의 직장과 자녀의 학교를 생각하면 이 아파트가 최선의 선택인 것 같지만 이 아파트의 미래 가치가 더 높아지지 않는다면 다른 아파트를 선택할 수도 있다고 한다.

블로그에 직접 상담 글을 남기는 사람들뿐만 아니라 많은 사람들이 부동산을 매수할 때 이 부분을 고민할 것이다. 하지만 고민이 너무 길어져 아무것도 투자하지 못하는 상황이 오는 것은 바람직하지 않다. 가격이 오를 만한 완벽한 부동산을 고르기 위해 고민하다 괜찮은 물건을 놓치는 것보다, 당장의 필요와 기준에 따라 원하는 부동산을 사는 게 더 낫다.

필요해서 산 부동산이
결국은 성공한 투자가 된다

아버지도 처음 집을 장만할 때가 있었다. 처음은 누구나 그렇듯이 아무것도 모르고 무언가를 사게 되기 마련이다. 아버지는 첫 집을 장만하실 때 잠실주공아파트와 신림동 다가구주택을 두고 고민했는데, 연탄보일러는 싫다던 어머니의 말씀을 따라 신림동 다가구주택을 선택했다고 한다. 만약 그 당시 잠실주공아파트를 선택했더라면 많은 것이 달라졌을지도 모르겠다. 지금도 가끔 옛날이야기가 나오면 아버지는 어머니께 그때 잠실주공아파트를 샀으면 돈을 많이 벌었을 거라고 핀잔 아닌 핀잔을 준다.

그렇다면 신림동 다가구주택을 사서 돈을 벌지 못했을까? 그렇지는 않다. 3층 주인 세대에 거주하면서 세를 놓아 월세를 다달이 받았다. 그러면서 매매가는 꾸준히 올라 2018년 상반기 기준으로 20억 원이 넘는 시세를 형성하고 있다. 신림동 다가구주택은 성공적인 투자였다.

아버지는 투자의 관점에서 잠실주공아파트와 신림동 다가구주택에 대해 이야기했다. 연탄보일러가 싫다던 어머니는 우리가 살아갈 곳이라는 필요의 관점에서 다가구주택을 선택했다. 가스보일러가 설치된 새 다가구주택이 마음에 들었던 것이다. 그렇게 마련한 첫 집에 어머니는 만족했고 아버지 역시 큰 불편함 없이 살아오면서 지금까지 보유하게 되었다. 아마 집에 대한 애착이 없었다면 중간에 주택을 판

왔을 테지만, 다달이 월세가 들어오고 거주하기 편한 집을 딱히 팔 이유가 없었다. 그리고 시간이 지나면서 자연스럽게 형성된 수익을 누릴 수 있었다.

만약에 아버지가 그 선택의 기로에서 잠실주공아파트를 샀더라면 이렇게 오래도록 가지고 있을 수 있었을까? 아무도 자신 있게 대답할 수 없는 질문이기는 하지만, 여기서 중요한 것은 필요를 기준으로 투자를 결정해야 그 투자가 혹시 잘못되더라도 문제가 생기지 않는다는 사실이다.

아버지가 투자한 신림동 다가구주택은 땅 모양도 자루형이라 사실 그렇게 좋은 투자는 아니었다. 지금의 관점에서 보면 매수하지 않았을 것이다. 당시 어머니는 필요에 의해 그 집에 투자하기로 결정했고, 우리 가족은 그 집에서 행복하고 안정된 삶을 꾸려나갔다. 자루형 토지라고 해서 살아가는 데 큰 불편함을 느낀 적도 없었다. 한 마디로 별 문제 없이 잘 살아왔다. 투자가 아닌 필요에 의해 부동산을 결정했기에 가능한 일이라고 생각한다.

많은 사람들이 부동산을 매수할 때 앞으로의 전망에만 많은 관심을 기울인다. 물론 자산 중에서 막대한 비중을 차지하는 부동산의 가치에 관심을 갖는 것은 당연한 일이다. 그렇더라도 첫 집만큼은 이런 투자의 관점보다는 필요의 관점에 더 많은 관심을 쏟기를 바란다. 자신이 만족스러운 집을 사면 실패하지 않는다.

투자 철학이 없으면
필요의 관점으로 보라

경험도 지식도 없는 첫 집 마련 시기에 투자의 관점으로 부동산을 보기 시작하면 여러 사람의 말에 휩쓸려 최악의 결정을 하게 될 가능성이 높다. 거래를 일으켜야 돈을 버는 중개사는 어떻게든 자신의 물건을 소개해 계약을 성사시키려고 좋은 말만 할 것이고, 이런저런 말을 계속 듣다 보면 결국 선택의 기준은 차익으로 결정된다. 필요에 의해서가 아니라 앞으로 많이 오른다고 하는 아파트나 당장 싼 아파트를 선택하게 되는 것이다.

그런데 문제는 정말 그 아파트가 중개사의 말대로 오를 것인가와 정말 그 아파트 값이 싼 것인가 하는 것이다. 정말 그 아파트가 가격이 오를 것이라면 그 중개사는 왜 본인이 사지 않을까? 정말 그 아파트가 저렴하다면 이렇게 나에게 기회가 올 수 있었을까? 아파트의 미래 가치도 따져볼 수 없고, 가격이 정말 싼 것인지조차 판단하지 못한다면 결국 잘못된 선택을 하게 될 가능성이 크다. 분양 상담사와 중개사들의 말만 들으면 절대 안사고는 못 배긴다.

그래서 첫 집은 투자보다는 필요의 관점에서 접근하는 것이 좋다. 투자자의 입장은 잘 몰라도, 자신에게 필요한 집의 기준은 본인이 가장 잘 알고 있기 때문이다. 근처에 시장이나 대형마트가 있는지, 아이들 학교는 괜찮은지, 출퇴근하기 편리한지 등 필요의 관점으로 보면 살기에 전혀 문제가 없다.

또한 자신이 필요로 하는 아파트는 다른 사람들 역시 좋다고 생각할 확률이 높다. 사람들은 대부분 비슷한 욕구를 가지고 있기 때문이다. 그렇기 때문에 투자 측면에서도 실패할 가능성이 적다. 그러니 아직 부동산에 대한 경험이 부족하고 지식이 없는 첫 집 마련은 필요의 관점에서 접근하자. 욕심에 눈이 멀어 투자보다 중요한 것이 필요임을 잊어서는 안 된다.

자루형 토지

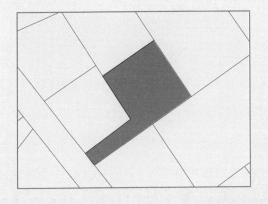

자루형 토지란 출입구가 길쭉하게 나와 좁은 부분만 도로에 인접하고 대부분의 땅은 안으로 들어가 있는 토지를 말한다. 자루 모양처럼 생겼다고 해서 자루형 토지라고 부르며, 건축할 때 땅의 활용도가 낮기 때문에 좋은 토지는 아니다.

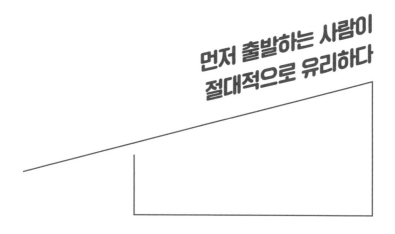

먼저 출발하는 사람이 절대적으로 유리하다

공부를 잘하고 싶으면 어떻게 하면 될까? 공부할 내용을 반복해서 보면 된다. 한 번이라도 더 보면 볼수록 시험 점수가 더 잘 나올 가능성이 높아진다. 하루가 모두 평등하게 24시간이라는 점을 고려하면 하루라도 먼저 시작하는 사람이 더 많은 시간을 확보할 수 있다. 다시 말해 먼저 시작해야 남들보다 한 번이라도 더 볼 수 있다. 그래서 대치동 엄마들은 어릴 적부터 아이들에게 선행학습을 시킨다. 남들보다 조금이라도 더 빨리 시작해야 유리하다고 생각하기 때문이다. 그리고 실제로도 유리하다.

세상일이 모두 그러하듯
부동산도 먼저 움직인 사람이 유리하다

부동산 투자도 마찬가지다. 남들보다 먼저 하면 유리하다. 남들이 보지 못하는 기회를 볼 수 있고, 남들보다 좋은 물건을 잡을 기회를 선점할 수 있다. 주위 사람들에게 최대한 빨리 부동산 투자를 시작하라고 말하면 사람들은 하나같이 이렇게 대답한다. "돈이 없어요." 마음은 하고 싶은데 돈이 없어서 시작할 수 없다고 말이다. 그들이 생각하는 돈의 액수가 얼마인지는 모르겠지만 돌아오는 답은 늘 같다. 그리고 아무것도 하지 않는다. 그렇게 평소와 다름없이 어제와 같은 삶을 살아간다.

부동산 투자를 시작하는 사람이 가장 먼저 해야 할 일은 당장 물건을 계약하는 일이 아니다. 그런데 많은 사람들이 부동산 투자를 시작하라고 하면 중개사무소에 돈을 들고 가서 물건을 먼저 골라야 한다고 생각한다. 그래서 돈이 모이기 전까지 아무것도 하지 않는다. 그렇게 몇 년의 시간을 흘려보내고 만다. 시간이 지나 돈이 어느 정도 모이면 중개사무소 몇 군데를 들르거나 분양 상담사의 말을 듣고 그 자리에서 덜컥 계약을 해버린다.

아버지와 함께 미분양된 오피스텔의 모델하우스를 방문했을 때의 일이다. 미분양된 오피스텔이라 층과 호수를 지정해서 바로 계약하는 것이 가능했다. 분양 상담사들은 지금 계약해서 입주할 때쯤이면 가격이 2천만 원 정도 오를 것이라며 모델하우스를 방문한 사람들을 상대로 영업을 하고 있었다. 나와 아버지는 당연히 이야기만 듣고 유인물을 받아오는 데 그쳤지만 그 자리에서 즉시 계약하는 사람도 볼 수 있었다. 가격이 2억 원 정도 하는 오피스텔이었는데 분양 상담사의 말만 믿고 계약을 하는 것이다. 개인적으로 판단하기에 그렇게 미래를 낙관할 수 없는 물건이었고, 분양 상담사의 달콤한 말은 부동산 상승 경기에 편승한 근거가 다소 약한 주장이었다. 부동산에 대해 잘 모르는 사람이라면 이것저것 개발호재를 가져와서 가격이 오를 수밖에 없다는 말에 설득당하기 쉽다.

이래서는 안 된다. 직접 알아보지 않고, 부동산을 팔아서 돈 버는 사람의 말만 믿고 투자를 했다간 낭패를 보기 쉽다. 그래서 하루라도 빨리 부동산을 공부해야 한다. 속는 사람이 속는 이유는 모르기 때문이다. 속이려는 사람보다 더 많은 정보와 지식을 가지고 있다면 절대 속지 않는다. 큰돈이 오고가는 부동산 매매는 살면서 몇 차례 할 기회가 많지 않기 때문에 속기 쉽다. 그동안 부동산 공부를 하지 않은 이유도 아마 그 때문일 것이다. 어쩌다 가끔 하는 일이니까.

돈이 없을 때부터
투자를 시작해야 한다

부동산 투자를 시작한다는 것에는 돈을 모으는 것도 포함되지만 그렇다고 돈을 모으는 것만을 의미하지는 않는다. 자본금이 부족할 때는 투자에 대한 공부를 하고, 자본이 생기면 그동안 쌓아놓은 지식을 가지고 본격적인 투자에 뛰어들어야 한다. 돈을 다 모으고 그때부터 알아본다는 건 안일한 생각이다. 공부라는 게 그렇게 하루아침에 되는 것도 아닐뿐더러 정말 좋은 물건은 흔히 나오지 않는다. 중개사무소를 10번은 가도 정말 투자할 만한 물건 1개 만나기도 쉽지 않다. 그렇게 만나기 힘든 물건을 만나더라도 그것을 알아볼 수 있는 안목이 없으면 그 기회를 잡을 수 없는 것은 당연하다.

그렇기에 하루라도 일찍 시작해야 한다는 것이다. 시작하는 데는 돈도 들지 않는다. 지금 당장 할 수 있는 것을 하면 된다. 그러면 무엇부터 어떻게 시작해야 할까? 당장은 돈이 없어도 좋다. 부동산에 관심을 가지고 공부하는 것부터가 부동산 투자를 시작하는 것이다.

부동산 공부의 최종 목표는
자신만의 투자 철학을 만드는 것

내가 부동산을 공부하는 방법을 소개하겠다. 이 6가지 부동산 공부법은 뒤에서 구체적으로 다룰 것이니 여기서는 간단히만 살펴보자.

경제신문을 읽고, SNS를 활용하고, 전문가의 투자 방법을 듣고, 책을 읽고, 하루에 중개사무소 한 곳은 꼭 들르고, 부동산 여행을 가는 것이 내가 제안하는 부동산 공부법이다. 부동산 여행을 가는 것을 제외하고는 돈이 들지 않는다. 부동산을 공부하겠다는 의지와 시간만

1	경제신문을 읽어라.
2	SNS를 활용하라.
3	전문가의 투자 방법을 들어라.
4	부동산 투자 책을 읽어라.
5	하루에 중개사무소 한 곳은 들러라.
6	부동산 여행을 가라.

있으면 누구나 오늘부터 시작할 수 있는 것들이다. 이렇게 공부한 것들은 내 머릿속에 한번 축적되기 시작하면 점점 가속도가 붙는다. 처음에는 모르는 게 너무 많아서 모든 것이 다 새롭고 어려울 것이다. 그런데 하나하나 개념을 잡아가다 보면 앞에서 말한 6단계가 어느 순간 서로 연결되기 시작한다. 경제신문에서 읽었던 내용을 전문가들이 설명해주고, 전문가들이 설명한 내용이 책에서 또 다루어진다.

그렇게 6가지 단계에서 배운 내용이 머릿속에서 하나로 꿰어지는 순간 부동산에 대해 조금씩 깨치기 시작한다. 또한 다른 사람의 말에 휘둘리지 않고 나의 생각을 덧붙일 수 있게 된다. 미디어의 기사에 일희일비하지 않고 경기가 호황이든 불황이든 자신이 정한 투자 원칙에 맞는 물건들을 찾아 나설 수 있게 되는 것이다. 이렇게 자신만의 철학을 만드는 게 6단계의 최종 목표다. 그리고 투자 철학이 자본을 만나면 수익이라는 결과를 가져다준다. 그렇게 투자가 완성되는 것이다.

이런 단계를 밟아나가서 자신만의 투자 철학을 완성시키는 데는 오랜 시간이 걸린다. 그래서 더더욱 하루라도 빨리 시작하는 사람이 유리하다. 50대보다는 40대에, 40대보다는 30대에, 30대보다는 20대에 시작하면 더 많은 기회를 잡을 수 있다. 아직도 돈이 없어서 부동산 투자를 못한다고 생각하는가? 부동산 투자는 물건을 계약할 때 이루어지는 것이 아니라 공부를 하는 것에서부터 시작된다. 그러니 지금 당장 시작하자. 다시 한 번 말하지만 부동산 투자는 먼저 시작하는 사람이 절대적으로 유리하다.

살고 있는 집은 투자처가 되기 어렵다. 대부분의 부동산 투자는 두 번째 집부터 시작된다. 살고 있는 집 다음에 구입하는 두 번째 집은 순수하게 투자가 목적이다. 1주택자의 경우 부동산으로 발생한 수익을 누리기가 쉽지 않다. 그러니 첫 주택을 마련하는 데 너무 고민하지 말자. 자신의 필요에 기반해 투자에 대한 판단을 내린다면 그것으로 충분하다.

3장

내 집 마련부터
시작하자

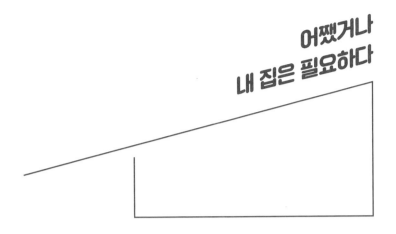

어쨌거나
내 집은 필요하다

살아가면서 집 없이는 살 수 없다. 월세, 전세, 매매 중 하나를 선택해서 거주지를 결정해야 한다. 모든 사람들이 이 3가지 선택지 앞에서 고민한다. 물론 돈이 충분하다면 집을 사겠지만, 안타깝게도 대부분의 사람들은 돈이 충분하지 않다. 거기서부터 선택이 달라지고 그로 인한 결과가 달라진다. 처음에는 그 차이가 별로 크지 않아 보이지만 시간이 지날수록 차이는 점점 더 커진다. 집을 사지 않은 사람들이 생각하는 '집을 사기 좋은 때'는 오지 않기 때문이다. 시장이 호황이면 값이 너무 올라서, 불황이면 날마다 떨어지는 부동산 가격에 겁에 질려 사지 못한다.

전세인가, 매매인가, 월세인가?
선택에 따라 결과가 달라진다

일반적으로 처음 집을 구하는 사람의 경우 전세를 가장 많이 선택하게 되는데 그 이유는 다음과 같다. 전세, 매매, 월세 모두 다달이 현금이 나간다는 측면에서는 같다. 전세는 전세자금대출 이자를, 매매는 융자에 대한 이자를, 월세는 매달 월세를 내야 한다. 각각의 비용을 계산하면 한 달에 주거비로 지출해야 하는 금액이 나온다.

대부분 전세자금대출에 대한 이자가 가장 저렴하고 월세가 그보다 비싸다. 매매의 경우 자기자본과 자산, 신용도에 따라 이자가 달라지겠지만 보통은 전세나 월세보다 더 많은 비용을 치러야 한다. 많은 사람들이 이 계산에 따라 가장 적은 비용이 들어가는 전세를 선택한다. 정부에서는 주거복지 차원에서 전세자금대출을 정책적으로 지원해 주고 있기도 하다.

임차인의 관점이 아닌
집주인의 관점에서 전세를 바라보자

전세로 사는 게 정말 옳은 선택일까? 한 달에 들어가는 비용만 따지면 전세가 가장 저렴한 것이 맞다. 하지만 여기에는 기회비용이 빠져 있다. 전세라는 제도를 선택하는 순간 임차인은 집값 상승에서 소외되고 목돈이 묶이게 된다. 전세제도는 집주인 입장에서 생각해보면, 집에 있는 방 몇 칸을 임차인에게 담보로 제공하는 대신에 전세금만큼 무료로 돈을 빌리는 것이다. 그렇게 임차인으로부터 빌린 돈을 가지고 집주인은 집을 구입하고 집값 상승으로 생기는 수익을 누린다. 임차인의 입장에서 보면 집주인이 집을 사는 데 필요한 돈을 무료로 빌려주는 대가로 방을 얻어 사는 것이다.

또한 전세는 다달이 월세를 내지 않으므로 자기 주머니에서 나가는 현금이 없는 것처럼 느껴지지만 그 금액만큼 돈을 활용할 기회를 잃어버리는 것이다. 월세를 낸다면 월세를 제외한 나머지 자본을 투자해 월세 이상의 수익을 낼 수도 있는데, 그 가능성을 잃게 된다는 말이다.

이러한 기회비용은 눈에 보이는 비용이 아니기 때문에 체감하기 어렵다. 그래서 많은 사람들이 전세자금대출의 저렴한 이자만 보고 전세를 선택한다. 대부분의 사람들은 전세가 집주인이 집을 사는 데 돈을 보태주는 것이라는 생각은 하지 못하고 오로지 자기 주머니에서 돈이 나가지 않는다는 것만 생각한다. 무료로 집을 빌리는 느낌이 들기 때문에 전세를 선호하는 것이다. 경험적으로 2년 뒤 집주인은 전세금을 올릴 가능성이 크다는 것을 잘 알고 있지만 돈을 맡겼다가 돌려받는다고 생각하기 때문에 기꺼이 전세 계약을 맺는다.

전세제도가 사금융이라는 것을 깨달은 사람들은 이런 전세제도를 활용해 적극적으로 집을 매입한다. 바로 '갭 투자'다. 갭 투자의 특징은 은행에서 돈을 빌리지 않는다는 것이다. 즉 주택담보대출을 받지 않는다. 오로지 임차인의 전세금에다 자기자본을 조금 보태서 집을 매입한다. 자기자본이 적게 들어갈수록 훌륭하고 매력적인 갭 투자가 된다. 그렇게 2년이 지나면 전세금을 올려서 자기자본을 회수한다. 임차인의 돈을 레버리지로 활용해 수익을 극대화하는 것이다. 갭 투자가 기승을 부릴수록 임차인만 더 어려워진다. 자칫 역전세난이 발생하거나 집값이 하락할 경우 집주인이 전세금을 돌려주지 못하면, 그 피해는 고스란히 임차인에게 돌아가기 때문이다. 이익은 집주인이 독점하고 위험은 집주인과 임차인이 함께 지는 것이다.

물론 처음 집을 산다는 두려움, 즉 심리적인 요인도 매매보다는 전세를 선호하는 이유 중 하나다. 일단 살아보고 결정하면 더 나은 선택을 할 수 있다는 생각이 매매보다는 전세를 선택하게 만든다. 하지만 전세 계약이 그렇게 한 차례 만료된 다음에는 과연 집을 살 수 있을까? 그때도 선택은 똑같이 어렵다. 결국 어떠한 순간에는 두려움을 극복하고 결단을 내려야 한다. 그게 처음이 될 수도 있고 2년 후가될 수도 있다. 분명한 것은 시간이 지난다고 없던 용기가 생기지는 않는다는 것이다.

보통 집을 사는 것에 대한 두려움은 집값 하락에 대한 공포에서 비롯된다. 멋모르고 집을 구입했다가 집이 안 팔리거나 집값이 떨어질까 봐 두려워 선택을 자꾸 미루게 된다. 무엇이든지 처음이 두렵듯이 부동산 투자도 처음이 특히 더 두렵다.

첫 집이 주는 혜택으로
집값 하락에 대한 공포를 이겨내자

집을 사는 것을 너무 두렵게만 생각할 필요는 없다. 처음이라서 누릴 수 있는 혜택이 있기 때문이다. 그 혜택은 바로 '내가 살아갈 내 집'이 생기는 것이다. 앞에서도 이야기했듯이 투자 이전에 필요가 우선이다. '어쨌거나 내 집은 필요하다'는 관점에서 보면 첫 번째 집은 자신이 살아가야 하는 필요 목적이 강한 부동산이다. 추후에 값이 많이 올라갈 것이라는 이유로 출퇴근 거리가 2시간도 더 걸리는 아파트를 선택할 수는 없다. 순수하게 투자 목적으로 행해지는 두 번째, 세 번째 집과는 성격이 다른 것이다. 이러한 첫 번째 집의 특성을 가지고 판단한다면 보다 수월하게 의사결정을 할 수 있다.

자신이 거주해야 하는 첫 번째 집의 경우 철저하게 본인의 기준에 맞춰서 매매를 결정하면 된다. 직장과의 거리, 아이들의 교육여건, 편의시설, 주변 환경 등을 하나하나 따지면서 부동산을 선택한다면 가격이 떨어질 가능성도 높지 않다. 사람들이 보는 눈은 다 비슷해서 내 눈에 좋은 부동산은 다른 사람 눈에도 좋게 보이기 마련이다. 이렇게 자신의 필요에 맞춰 첫 집을 결정하면 그다음부터는 어려울 게 없다. 집값이 하락하는 것에 대한 공포도 자연스럽게 사라진다. 집값이 하락하면 다시 올라올 때까지 그 집에 거주하면 되기 때문이다. 자기 기준에서 가장 살기 좋은 아파트를 선택했기 때문에 기다리다가 집값이 올랐을 때 팔면 된다.

그러니 첫 번째 집을 마련할 때 전세로 할지 매매를 할지 고민된다면 과감히 매매를 선택하자. 필요에 바탕을 둔 부동산을 선택한다면 가격이 하락할 위험도 적을뿐더러, 하락하더라도 본인이 계속 거주하면 된다. 결국 팔 시점에 가격이 올라와 있으면 되는 것 아닌가. 다시 한 번 명심하자. 어쨌거나 내 집은 필요하다.

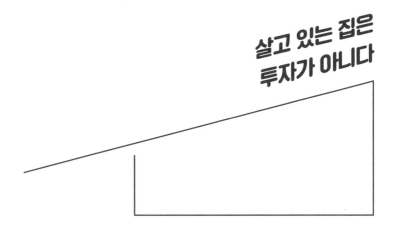

살고 있는 집은 투자가 아니다

많은 사람들이 부동산을 사는 것을 모두 투자라고 생각한다. 그래서 그토록 고민하고 망설이는 건지도 모른다. 첫 집을 마련하는 것이라면 조금 덜 망설이고 조금 덜 고민해도 좋다. 자신이 살고 있는 집은 투자라고 보기 어렵기 때문이다.

이게 무슨 말인가 하면, 예를 들어 A씨가 8억 원을 주고 아파트를 1채 마련했다고 하자. 실거주를 목적으로 아파트를 구입했고, 직장과 자녀들의 학교가 모두 인근에 있어 오랫동안 거주할 계획이다. 다시 말해 언제 매도하든 상관 없다는 의미다. 기회가 되어 단기간에 가격이 급등하면 그때 팔아도 되고, 아니면 팔지 않아도 된다.

운이 좋게도 A씨가 아파트를 사자마자 부동산 경기가 상승하기 시작했다. 아파트는 불과 2년이 채 지나기도 전에 2억 원이 올랐다. 그래서 A씨는 아파트를 팔기로 결심했다. 언론에서 부동산 버블에 대한 이야기가 나오고, 본인이 생각해도 가격이 단기간에 급등했다는 생각이 들었기 때문이다. 부동산 경기가 상승하고 있어 집은 어렵지 않게 팔 수 있었다. 이제 A씨는 살고 있던 집 1채를 팔면서 무주택자가 되었다. 당장 거주할 집을 알아봐야 한다. 집을 사서 상당한 매매차익을 남긴 A씨는 전세보다는 매매를 선호하게 되었고, 주변 지역의 아파트를 돌아보기 시작했다.

문제는 바로 여기서 발생한다. A씨의 집값만 오른 게 아니었던 것이다. 주변 지역의 아파트도 전부 가격이 올라 아파트를 팔아서 다른 아파트를 사고 나면 손에 남아 있는 돈이 없었다. 결국 주변 아파트 값이 모두 상승하면서 실질 자산 가치는 변함이 없었다.

반대의 경우도 마찬가지다. 운이 나쁘게도 A씨가 부동산을 산 시점이 버블의 정점이었다. A씨가 아파트를 사자마자 글로벌 경제위기가 오면서 부동산 가격이 떨어지기 시작했고 그 누구도 아파트를 사려고 하지 않았다. A씨는 공포에 질려 아파트를 팔기로 했고 남들보다 가격을 더 싸게 내놓아서 아파트를 팔았다. 거주하던 아파트를 팔면서 A씨는 무주택자가 되었고 이제 새롭게 거주할 아파트를 구해야 했다.

한 번의 실패를 맛본 A씨는 이제 다시는 실패하지 않겠다며 새로운 아파트를 찾아 나선다. 중개사무소를 돌아다니다 보니 글로벌 금융위기에 대한 공포로 아파트를 싸게 내놓은 사람들이 많았고 그중에는 좋은 물건도 있었다. A씨는 마음에 드는 아파트를 하나 골라 매매 계약을 체결했고, 자신의 아파트를 싸게 판 금액으로 해당 아파트를 사는 데 큰 무리가 없었다. A씨의 아파트만 가격이 급락한 것이 아니라 모든 부동산 가격이 폭락했기 때문이다. 실질적으로 A씨의 자산은 큰 변화가 없다.

호황에 팔면 호황에 사고
불황에 팔면 불황에 산다

1주택자의 경우 살고 있는 부동산이 투자가 되지 못하는 이유가 바로 이것이다. 매수와 매도의 시기가 동일하다. 내 아파트 값이 오르면 주변에 있는 아파트 값 역시 오른다. 반대로 내 아파트 값이 떨어지면 주변에 있는 아파트 역시 가격이 떨어진다. 주변 아파트 값은 가만히 있는데 내 아파트만 가격이 올라가거나 내려가는 일은 없다는 이야기다.

　1주택자의 부동산 매매가 투자가 되기 위해서는 시간이나 위치의 차이가 있어야 한다. 이를테면 가지고 있던 집을 팔고 나서 1년 혹은 2년 있다가 집을 구입해야 한다. 그래야 부동산 경기의 차이가 발생해서 비싸게 팔고 싸게 사는 것이 가능해진다. 부동산 경기가 좋은 시절에 팔아 경기가 나빠지길 기다렸다가 매수해야 하는 것이다. 물론 운이 나쁘면 반대로 비싸게 팔아 싸게 살 수도 있다. 어찌 되었든 시간이 지나야 호황이 불황이 되고, 불황이 호황이 된다.

이런 타이밍을 기다리려면 1주택자들은 본인의 집을 팔고 1년 혹은 2년 이상의 기간을 무주택 상태로 보내야 한다. 물론 호황과 불황을 예측하기란 거의 불가능하기 때문에 무주택 기간이 얼마나 길어질지는 아무도 알 수 없다. 대부분의 경우 불황과 호황의 변화를 기다리다 지쳐 조금이라도 싼 물건이 나오면 그 물건을 구입하고 만다.

자신이 살고 있는 지역의 집을 팔아서
가격이 오르는 타 지역에 투자할 수 있을까

위치 역시 마찬가지다. 직장과의 거리나 생활환경 등을 모두 고려해 신중하게 선택한 집이 첫 번째 집이다. 신변에 큰 변화가 없다면 현재처럼 자신에게 꼭 맞는 입지의 지역을 찾기란 어렵다. 자녀가 있다면 자녀의 학교 문제까지 얽혀 있어 타 지역으로 이사를 갈 경우 전학을 가야 하는 상황이 된다. 즉 살고 있던 지역에서 멀리 벗어나기가 어렵다는 이야기다. 사는 지역을 바꾼다는 것은 생각보다 많은 어려움이 따른다. 그래서 재건축·재개발이 진행되는 지역을 보면, 재건축·재개발로 촉발된 이주수요가 인근 지역의 주택 가격을 상승시키는 것을 볼 수 있다. 원래 살던 지역에서 멀리 벗어나지 못하기 때문에 일어나는 현상이다.

이런 이유로 살고 있는 집은 투자처가 되기 어렵다. 대부분의 부동산 투자는 두 번째 집부터 시작된다고 보면 된다. 살고 있는 집 외에 다른 집을 하나 더 구입하는 두 번째 집은 순수하게 투자가 목적이다. 그래서 시간과 장소의 제약을 받지 않는다. 사고 싶을 때 투자를 결정해서 월세나 전세를 놓고 매매 타이밍을 기다리면 된다. 또한 꼭 투자물건의 위치가 살고 있는 주변 지역에 국한될 필요도 없다. 지방에 살면서 서울에 투자해도 되고, 서울에 살면서 지방에 투자해도 된다. 어차피 그 집은 자신이 거주할 목적이 아니기 때문에 직장이나 자녀 교육 등을 고려하면서 선택할 필요가 없다. 오로지 기준은 투자성이다. 투자성만 확인되면 시간과 장소에 구애받을 필요가 없다.

아버지도 살고 있는 집을 팔아서 시세차익을 보고자 하는 생각은 하지 않았다. 그 집을 팔아서 갈 만한 곳도 마땅치 않았고, 팔아서 생긴 돈으로 다른 집을 사고 나면 실질적으로 손에 쥐는 돈이 없었기 때문이다. 아버지가 선택한 첫 번째 집은 20년이 넘은 지금까지도 우리 가족이 거주하고 있다. 물론 오랜 시간이 흐르는 동안 가격이 많이 올랐다. 하지만 그 수익은 집을 매매할 때 누릴 수 있으므로 아직은 호가에 불과하다. 실현되지 않은 수익이기에 그 수익이 실감되지도 않는다.

우리 가족이 부동산을 통해 실질적으로 수익을 손에 쥔 것은 두 번째 집부터 시작되었다. IMF 경제위기로 인해 부동산 가격이 바닥을 치고 있을 때 구입한 경기도 안산의 다가구주택의 경우 3천만 원을 투입해 매달 월세를 받았을 뿐만 아니라 2배 이상의 매매차익을 누리고 팔았다. 그때 통장에 부동산 매매대금이 입금되면서 부동산 가격이 많이 올랐다는 사실을 피부로 느낄 수 있었다. 그 돈을 가지고 있다가 좋은 시기에 좋은 물건에 재투자하면서 자산을 불려나갈 수 있었다.

이처럼 1주택자의 경우 부동산으로 발생한 수익을 누리기가 쉽지 않다. 그러니 첫 주택을 마련하는 데 너무 고민하지 말자. 자신의 필요에 기반해 투자에 대한 판단을 내린다면 그것으로 충분하다. 본격적인 부동산 투자가 2주택부터 시작된다는 사실을 깨닫는다면 첫 집을 사는 부담감을 줄어들 것이다.

이주수요

어떤 지역이 재건축이나 재개발을 하게 되면 그 지역에 살던 거주자들이 모두 다른 곳으로 이주해야 한다. 기존의 집을 멸실시켜야 새로운 개발이 가능하기 때문이다. 이렇게 사람들이 주거지를 옮기는 것을 '이주'라고 하는데, 이런 이주로 인해 촉발된 수요를 '이주수요'라고 한다. 일반적으로 이주수요는 개발이 일어나는 인근 지역으로 확산되어 인근 지역의 전세가와 매매가를 올리는 경향이 있다.

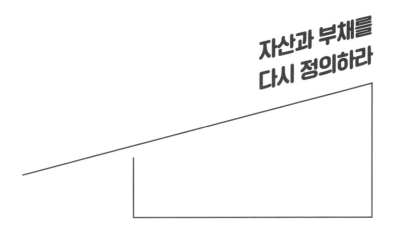

자산과 부채를
다시 정의하라

재테크에 관심이 없더라도 자산과 부채가 무엇인지는 누구나 알고 있을 것이다. 자산은 경제적 가치가 있는 유·무형의 재산을 의미하고, 부채는 빚을 의미한다. 이것이 사회적으로 통용되는 자산과 부채의 의미다. 그래서 사람들은 자산을 늘리고 부채를 줄이려고 노력한다.

회계학에서는 자산과 부채를 조금 다르게 설명한다. '자산 = 부채 + 자본'이라는 공식으로 자산과 부채를 설명하는데, 즉 자산이란 부채와 자본을 합한 값이라고 이야기한다. 그러면 부채는 자산에서 자본을 뺀 값이 된다. 이것을 다르게 설명하면 부채는 '타인자본', 자본은 '자기자본'이라고 할 수 있다. 이 설명에 따르면 회계학에서 '자산'은

타인자본과 자기자본을 합한 것이 되고, '부채'는 자산에서 자기자본을 뺀 것이 된다.

당신이 사용하는 언어가
당신의 생각을 지배한다

우리는 여기서 자산과 부채에 대한 정의가 다르게 내려진다는 사실을 깨달아야 한다. 이것이 중요한 이유는 우리의 사고는 언어에 의해서 결정되기 때문이다. 무슨 말인가 하면, 우리는 언어로 정의되지 않은 것들을 생각하기 어렵다는 말이다.

무지개를 예로 들어보자. 우리는 무지개 빛깔을 7가지라고 배웠다. 실제로 무지개를 보면 '빨주노초파남보' 7개 색으로 보이는 듯하다. 하지만 정말 그런가? 빨강과 주황 사이에 존재하는 빨강도 아니고 주황도 아닌 색깔, 노랑과 초록 사이에 존재하는 노랑도 아니고 초록도 아닌 색깔을 그냥 빨강 내지 노랑으로 생각하는 것은 아닌가? 무지개에는 사실 수없이 많은 색이 있다. 우리는 그것을 '빨주노초파남보'라고 정의했고 그 프레임으로 무지개를 바라본다. 그래서 무지개가 가진 빛깔을 7가지로 보는 것이다. 실제로는 더 많은 색이 무지개 속에 들어 있다는 것을 우리는 알고 있다. 흔히 무지개 빛깔은 7가지라고 인식할 뿐이다.

바로 여기에서 우리가 자산과 부채에 대한 정의를 어떻게 하는가에 따라 그에 대한 인식이 달라진다는 점을 알 수 있다. 우리가 부채를 빛으로 바라보면 부채는 줄여야 하는 것, 없애야 하는 것으로 생각하게 될 것이다. 그리고 열심히 돈을 벌어서 빛을 갚는 데 온 힘을 다할 것이다. 부채를 타인자본으로 바라보면 어떤가? 자신이 가진 자본으로는 부동산을 살 수가 없어 타인과 함께 자본을 합쳐 그 부동산에 투자한다고 생각해보자. 그 대가로 투자에서 발생하는 수익의 일부를 타인에게 나눠주는 것이다. 타인의 자본이 없었다면 투자를 하지 못했을 것이고 투자에 대한 수익도 향유하지 못했을 것이다.

그렇다면 여기서 의문이 생기기 시작한다. 타인자본, 즉 부채를 무조건 줄이고 없애야 하는 것일까? 부채를 나쁜 것으로 바라보고 없을수록 좋다고 인식한다면, 아마 이 투자와 수익도 없었을 것이다. 빛을 지느니 수익을 얻지 않겠다는 선택을 하는 것이다. 바람직한 선택인가? 빛을 져서라도 그에 대한 이자를 주고 나에게도 수익이 발생한다면 그게 더 생산적이고 바람직한 상황 아닐까?

자산과 부채에 대한 정의가
부자와 빈자를 나눈다

부채를 빛으로 바라보는 관점과 타인자본으로 바라보는 관점은 투자에서 완전히 다른 결과를 낳는다. 따라서 자산과 부채에 대한 정의를 잘 내려야 한다. 진짜 자산과 진짜 부채가 무엇인지 구분해내야 한다.

사회에서 통용되는 정의를 그대로 받아들이면 우리는 결국 대다수의 사람들처럼 살아가게 될 것이다. 대다수의 사람들은 사회에서 가르친 자산과 부채에 대한 정의를 진리처럼 생각하고 있는 그대로 받아들인다. 그래서는 절대 부자가 될 수 없다. 남과 다르게 생각해야 남과 다르게 살아갈 수 있는 법이다.

세계적인 베스트셀러 『부자 아빠 가난한 아빠』의 저자 로버트 기요사키는 자산과 부채에 대한 정의가 남달랐다. 그 정의가 그를 부자로 만들어주었다. 로버트 기요사키가 내린 자산과 부채의 정의는 다음과 같다.

자산 : 내 주머니에 돈을 넣는 어떤 것
부채 : 내 주머니에서 돈을 빼내는 어떤 것

그는 자신의 주머니에 현금을 넣어주는 것은 모두 자산이라고 정의했다. 반대로 자신에게서 현금을 가져가는 모든 것을 부채라고 정의했다. 이 정의에 따라 자산을 모으고 부채를 줄이고자 했다. 주머니에 돈을 가져다주는 것은 계속 늘려나가고, 주머니에서 돈을 빼내는 것은 계속 줄여나간 것이다. 당연히 부자가 될 수밖에 없다. 자산과 부채에 대한 새로운 정의가 그를 부유하게 만들어주었다.

아버지도 자산과 부채에 대한 정의가 그와 크게 다르지 않았다. 남들은 아파트 투자에만 열중할 때 아버지는 다가구주택에 집중적으로 투자했다. 아파트 투자는 융자를 받으면 이자를 내야 하고, 설령 융자

없이 전세금을 끼고 투자하더라도 보유하는 동안 현금수익이 없다. 반면에 다가구주택은 보유기간 동안 다달이 월세라는 현금수익을 가져다주었고, 매매할 때는 시세차익도 함께 누릴 수 있었다.

아버지는 부채를 두려워하지 않았다. 부채를 감당함으로써 현금 흐름을 가져올 수 있는 부동산이 있으면 적극적으로 투자했다. 다른 사람들이 그 집에 낀 대출금과 전세금을 보고 엄두를 내지 못할 때 아버지는 현금 흐름을 중점적으로 바라보며 자신이 정의한 '자산'을 모았다. 그 결과 남들보다 훨씬 빠르게 경제적 자유를 이루게 되었다.

인간의 생각은 언어에 의해 지배당하기 쉽다. 언어로 규정되는 순간 우리의 사고는 언어에 맞게 갇혀버린다. 그래서 항상 조심해야 한다. 세상이 규정한 정의에 갇히는 순간 우리는 새로운 것을 보지 못하게 된다. 투자에서도 마찬가지다. 투자에서 가장 조심해야 하는 것이 바로 편견이다. 사회에서 이야기하는, 혹은 다른 사람들이 규정한 언어가 절대적 진리가 아님을 깨달아야 한다. 자신의 눈으로 세상을 바라보고, 자신의 언어로 세상을 규정할 때 남들이 보지 못한 기회를 발견할 수 있다.

투자를 결정하는 사람은 결국 나 자신이다

뭔가를 살 때 부동산만큼이나 다른 사람들에게 많이 물어보고 사는 것이 또 있을까? 거액이 들어간다는 것, 살면서 제대로 경험해보기도 쉽지 않다는 것, 정보에 대한 접근성이 여전히 낮다는 것은 부동산에 대한 판단을 잘 내릴 수 없는 이유들이다.

그래서 흔히 전문가를 찾는다. 서점에서 부동산 투자 관련 책을 살펴보거나, 강연회에 참석하거나, 뉴스에서 소개되는 전문가들의 칼럼이나 인터뷰 기사들을 살피면서 올바른 판단을 내리고자 노력한다. 이걸로도 부족하다고 느끼는 사람들은 수백만 원, 수천만 원의 컨설팅 비용을 지불하고 전문가에게 투자에 대한 자문을 받기도 한다.

그런데 뭔가 이상하지 않은가? 1천 원짜리 과자를 살 때도 남들이 뭐라 하든 자기 입맛에 맞는 과자를 스스로 결정하는데, 수억 원짜리 부동산은 다른 사람의 의견에 따라 결정한다니. 내가 먹기로 한 과자는 맛이 없어도 결국 내가 다 먹게 되는 반면 다른 사람이 골라준 과자는 맛이 없으면 먹기가 싫어진다. 직접 선택한 것이 아니기 때문이다. 부동산 투자도 마찬가지다. 자신이 선택한 부동산은 가격이 떨어지더라도 애정을 갖고 살아갈 수 있다. 하지만 다른 사람이 괜찮다고 해서 구입한 부동산은 가격이 떨어지면 애물단지가 되어버려 속을 썩이곤 한다.

미래를 예측하는 전문가를 지나치게 신뢰하지 말자

사람들은 부동산 전문가는 투자에 실패하지 않을 것이라는 잘못된 환상을 가지고 있다. 전문가들이 아파트 값이 떨어지지 않을 거라고 말하면 정말로 그럴 거라고 생각하는 것이다. 물론 그들은 각자 자신의 경험과 노하우, 데이터를 바탕으로 판단하지만, 누군가 투자에 실패하더라도 그 손실에 대한 책임까지 져주지는 않는다. 그런데도 그들에게 비싼 컨설팅 비용을 지불해가면서 그들의 판단에 자신의 운명을 맡겨버린다. 훗날 투자가 잘못되어도 그들에게 책임을 미루고 싶은 것이다. "그때 그 전문가는 엉터리였어."라고 하면서 말이다.

사실 미래는 전문가도 예측할 수가 없다. 인구 구조의 변화나 소득 수준, 대규모 개발 계획 등을 가지고 장기적인 추세를 예측하려고 노력하지만, 부동산 시장의 변화나 정부의 정책처럼 예측할 수 없는 요소들이 존재하기 때문이다. 세계 경제위기의 가능성, 전쟁 가능성, 지진 같은 자연재해의 가능성, 해당 지역의 경제를 책임지던 기업의 갑작스러운 부도 같은 것은 누구도 예측할 수가 없다. 그런데도 우리는 전문가라면 뭔가 다를 거라고 생각하고 그들의 말을 무조건 믿는 것이다.

최근 몇 년 사이에 부동산 투자 관련 책이 쏟아져 나왔다. 모두 부동산으로 돈 번 사람들이 쓴 책이다. 그들은 그렇게 책을 써서 부동산 전문가라는 타이틀을 획득하고, 부동산 강연이나 부동산 관련 프로그램을 팔아서 수입을 올리고 있다. 물론 부동산으로 돈을 번 그들의 생각과 경험을 듣는 일은 중요하고 투자자에게 꼭 필요하다. 하지만 정말 그들 모두가 부동산 시장에 대한 통찰력이 있어서 돈을 벌 수 있었던 것일까?

수없이 많이 나온 부동산 투자 책들을 보면 저마다 자신만의 투자 방법을 이야기하고 있다. 어떤 사람은 서울의 아파트를 사서 돈을 벌었고, 어떤 사람은 지방의 아파트에만 투자해서 돈을 벌었다. 또 어떤 사람은 빌라에 투자해서 돈을 벌었고, 어떤 사람은 상가에 투자해서 돈을 벌었다. 그 밖에 아파트 청약 투자나 경매를 해서 돈을 번 사람도 있다. 이처럼 부동산에 투자해서 돈을 번 것은 모두 같지만 구체적으로 돈을 번 방식은 모두 다르다.

그럼 여기서 한 가지 합리적인 의심을 가져볼 필요가 있다. 정말 이들의 방법이 모두 옳아서 돈을 벌게 된 것일까? 이들이 돈을 번 것은 분명한 사실이다. 그렇다 해도 이들이 부동산 시장에 대한 통찰력이 있어서 돈을 번 것인지, 아니면 다른 요인이 있었던 것인지 살펴볼 필요가 있다.

실력이 돈을 번 것인가,
상황이 돈을 벌게 한 것인가

"수영장에 물이 가득 차 있을 때는 누가 발가벗고 있는지 알 수 없다. 그러나 물이 빠질 때가 되면 누가 발가벗고 수영을 하고 있었는지 알 수 있다."라는 말이 있다. 부동산 상승기에는 그냥 부동산을 사기만 해도 수익을 얻을 수 있다. 산 사람은 돈을 벌고 사지 않은 사람은 돈을 벌지 못했을 뿐이다. 실력이 돈을 벌게 해준 것인지, 상황이 돈을 벌게 해준 것인지 구분해볼 필요가 있다는 것이다. 실제로 서점에 가서 부동산 투자 책들을 찾아보라. 일정한 주기를 가지고 부동산 책이 쏟아지는 시기가 있다. 그 시기는 바로 부동산 호황기와 유사하다. 부동산 시장이 상승하자 부동산으로 돈을 번 사람들이 생겨났고 그 경험을 바탕으로 책을 써냈기 때문이다.

우리나라는 침체되어 있던 부동산 시장이 2013년부터 서서히 살아나기 시작했다. 2013~2014년에 부동산을 구입한 사람들은 대부분 돈을 벌었다. 조금 덜 오르고 더 오르고의 차이는 있지만 모두 돈을 벌었다. 매매가와 전세가의 차이를 보고 갭이 적은 아파트에 투자한 사람도, 지나가다가 우연히 들른 중개사무소에서 중개사의 말을 듣고 아파트를 구입한 사람도 돈을 벌었다. 지역의 소득수준을 따져보고 아파트를 산 사람도, 그냥 대기업에서 공장을 짓는다는 소식에 아파트를 산 사람도 돈을 벌었다. 이웃집 아줌마가 사기에 얼떨결에 따라 산 사람도 돈을 벌었다.

물론 투자는 결국 결과가 중요하다. 그렇게 돈을 번 사람들이 잘못되었다고 이야기하는 것은 아니다. 돈을 벌고자 한다면 돈을 번 사람들의 이야기는 들어볼 가치가 있지만 부동산 공부를 하는 관점에서 이야기를 듣는다면 조금 선별적으로 접근할 필요가 있다. 투자에 성공한 사람들의 경험담을 참고해 그들의 방법을 자기 것으로 학습하는 수준에서 그쳐야지, 그들이 앞으로의 미래도 예측할 수 있다고 기대해서는 안 된다.

전문가들을 맹신하지 말자. 그들도 우리처럼 미래를 알 수 없기는 마찬가지다. 일례로 로버트 기요사키는 2017년 말에 전 세계 증시가 붕괴할 것으로 전망했다. 당시 그런 기사가 나왔기에 나는 그 기사를 스크랩해놓았다. 2017년이 지난 지금, 다시 살펴보면 미국 증시는 사상 최고치를 찍었다. 예측이 보기 좋게 틀린 것이다.

수많은 투자자와 전문가들이 미래를 예측하기 위해 노력해왔다. 하지만 그럴 때마다 시장은 더욱 예측 불가능한 방향으로 펼쳐졌고 많은 전문가들이 예측에 대한 실패를 맛보았다. 과거에도 그러했고 앞으로도 그럴 것이다. 그러니 더 이상 수정구슬을 가진 전문가를 찾기보다는 어떠한 위험이 와도 버텨낼 수 있는 자신의 투자 실력을 갖추도록 노력하자.

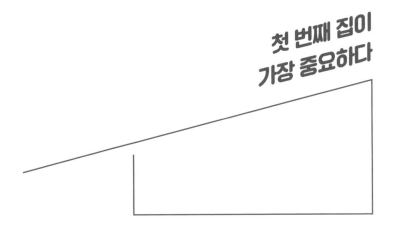

첫 번째 집이 가장 중요하다

부동산 투자에 관심을 가지고 있는 당신은 앞으로 집을 여러 채 가지게 될 것이다. 지금 집을 가지고 있지 않은 사람은 곧 자기 집을 마련할 것이고, 이미 집이 있는 사람은 두 번째, 세 번째 집을 가지게 될 것이다. 부동산이 돈이 된다는 것을 알기 때문이다. 그래서 우리는 첫 번째 집을 잘 선택해야 한다. 첫 번째 집을 어떻게 선택하느냐에 따라서 부동산 투자는 크게 달라질 수 있다.

사회심리학에는 '경로 의존성'이라는 말이 있다. 한번 경로가 정해지면 그 경로가 비효율적이라는 사실을 알더라도 관성이나 경로의 기득권에 의해 그 경로를 바꾸지 못한다는 의미다. 대표적인 것이 철도의 너비다. 철도의 너비는 과거 마차를 끌던 말 2마리의 엉덩이 폭을 기준으로 정해진 뒤, 2000년이 지난 지금까지도 바꾸지 못하고 있다. 이미 그렇게 정해진 너비를 바꾸는 데는 굉장히 큰 비용이 들어가기 때문에 계속 사용할 수밖에 없는 것이다. 이러한 경로 의존성은 우리에게 시작을 잘하는 것이 얼마나 중요한지를 알려준다.

부동산 투자의 경로 의존성 1 :
주택의 유형

부동산 투자에서도 첫 번째 집이 가장 중요하다. 부동산 투자를 어떻게 시작하느냐에 따라 당신의 부동산 투자 로드맵이 완전히 달라질 수 있다. 아파트를 첫 번째 집으로 선택한 사람은 두 번째 집도 아파트를 선택할 가능성이 높다. 빌라를 첫 번째 집으로 선택한 사람은 두 번째 집 역시 빌라가 될 가능성이 높다. 단독·다가구주택을 첫 번째 집으로 선택한 사람은 두 번째 집 역시 단독·다가구주택이 될 가능성이 높다.

실제로 아버지를 보더라도 첫 번째 집을 다가구주택으로 선택한 후, 오로지 다가구주택에만 투자해왔다. 경로 의존성은 부동산 투자에도 미치는 영향이 크다. 일단 아파트를 첫 번째 집으로 시작한 사람은 아파트의 편리함을 잘 알게 된다. 아파트만이 가지고 있는 매력을 살면서 느낄 기회가 많기 때문이다. 더불어 아파트에 거주하는 기간이 오래될수록 아파트에 대해 어느 정도 안다는 자신감이 생기고, 이러한 자신감을 바탕으로 두 번째 부동산 투자도 아파트를 선택할 가능성이 높다. 어떤 아파트가 좋은지를 경험적으로 터득했기 때문에 자신이 잘 안다고 생각하는 아파트에 투자하게 되는 것이다. 동시에 아파트의 매력에 빠질수록 다른 부동산에는 투자하기 어렵다고 생각하게 된다. 다닥다닥 붙어 있는 집, 믿을 수 없는 시공사, 여러 가지로 부족한 커뮤니티 시설 등 빌라에 대한 단점이 크게 보이기 때문에 선뜻 투자하지 못한다.

빌라를 첫 집으로 선택한 사람도 마찬가지다. 여러 가지 단점이 많지만 상대적으로 저렴한 집값과 관리비, 만족할 만한 시공 수준을 확인하고 나면 아파트 값은 한없이 높아 보이기만 한다. 그리고 지어진 지 20년이 넘은 아파트를 사는 것보다는 이제 막 지은 신축 빌라를 사는 것이 훨씬 더 낫다고 생각하기 때문에 두 번째 투자 역시 빌라를 선택할 가능성이 높다.

아버지의 첫 선택이 다가구주택이었던 이유는 집과 땅의 주인으로서 살아간다는 것과 월세를 부가수입으로 누릴 수 있다는 장점이 아파트나 빌라보다 훨씬 더 매력적으로 보였기 때문이다. 게다가 비싼 관리비를 내가며 아파트에 사는 것을 이해할 수 없었다. 아마 첫 번째 집을 다가구주택이 아닌 아파트로 결정했다면, 그 힘든 임차인 관리를 어떻게 하냐며 다가구주택은 쳐다보지도 않았을 것이다. 이게 모두 다 첫 번째 집을 다가구주택으로 결정했기 때문에 생긴 결과다.

부동산 투자의 경로 의존성 2 :
주택의 위치

부동산 투자에서 경로 의존성은 단순히 주택의 유형에만 해당되지 않는다. 어느 지역에 사는지에도 굉장히 큰 영향을 미친다. 서울을 선택하느냐, 수도권을 선택하느냐, 서울에서도 강남이냐 강북이냐 등 첫 번째로 선택한 지역을 벗어나기가 생각보다 쉽지 않다. 아이들이 태어나 학교 문제까지 신경 쓰면 이사는 더 어려워지고, 꼭 학교 문제가 아니더라도 지금까지 살던 곳이 아닌 낯선 지역으로 가서 새 출발을 한다는 것 자체가 큰 부담으로 다가오기 때문에 웬만해서는 살던 지역을 벗어나기는 어렵다.

부동산은 부동성(이동할 수 없는 특성)을 가지고 있기 때문에 지역마다 모두 특성이 다르다. 그래서 자기가 살고 있는 지역이 아닌 타 지역에 있는 부동산은 알기가 어렵다. 인문적·자연적 환경이 다르기 때문에 부동산 가격도 모두 천차만별인데, 타 지역에 부동산을 보러 가도 이 가격이 싼 것인지 선뜻 판단하기 쉽지 않다. 그래서 많은 사람들이 투자를 할 때 자기가 살고 있는 지역을 크게 벗어나지 않는 곳에서 물건을 고르고, 아파트의 경우 자신이 살고 있는 아파트를 1채 더 구입하는 경우가 많다. 자기가 살고 있는 지역이나 아파트를 가장 잘 알기 때문이다.

이처럼 부동산 투자에서 발생하는 경로 의존성 때문에 첫 번째 집이 두 번째, 세 번째 집보다 더 중요하다. 그런데 우리는 잘 모른다는 이유로, 큰 관심이 없다는 이유로 그저 느낌만 가지고 집을 선택하곤 한다. 그 선택이 평생을 좌우할 수도 있는데 말이다.

처음이라는 이유로 자신의 무지를 합리화하지 말자. 그 첫 번째 선택이 잘못되면 부동산에 대한 정이 떨어져 부동산 투자는 두 번 다시 쳐다보지도 않게 될 수도 있다. 아는 만큼 실수를 줄일 수 있고 아는 만큼 돈을 번다. 아무리 해도 모르겠다면 앞에서 말한 것처럼 자신의 필요에 맞춰 부동산을 판단하자. 내가 살기 편한 곳이 다른 사람도 살기 편하다. 이 기준을 따르면 큰 실패는 피할 수 있다. 본인이 특이취향이 아니라면 말이다.

정리하면, 처음 집을 선택한다면 이것을 잘 고민하자. 아파트인가, 빌라인가, 단독·다가구주택인가, 그리고 서울인가, 수도권인가, 지방인가. 처음 하는 이 선택이 당신의 부동산 투자에 대한 방향을 결정할 것이다.

거주용 부동산에 투자하기
아파트 / 빌라 / 단독주택

첫 집을 마련하기로 결심한 사람이 선택할 수 있는 주거 형태는 크게 3가지다. 바로 아파트, 빌라, 단독주택(다가구주택)이다. 물론 어떤 주거 형태든지 모든 부동산은 공통적으로 입지가 가장 중요하다. 부동산 투자에서 입지를 우선적으로 고려해야 하는 이유다. 하지만 앞서 말한 3가지 선택지는 각각의 특징이 분명하기 때문에 투자를 할 때 살펴봐야 하는 기준도 각기 다르다. 실패하지 않는 투자를 하기 위해서는 아파트, 빌라, 단독주택에 투자할 때 무엇을 살펴봐야 할까? 주거 형태별로 투자 전략을 알아보자.

아파트는 입지와
세대수를 봐야 한다

아파트에 투자할 때는 가장 먼저 입지를 봐야 한다. 부동산에서 가장 중요한 것은 입지다. 입지가 좋지 않으면 부동산 가격이 상승하는 데 한계가 있기 때문이다. 입지는 크게 2가지를 살펴보면 되는데 첫째는 직주 근접, 둘째는 대중교통의 편의성이다. 먼저 직주 근접부터 살펴보자. 직주 근접은 직장과 집과의 거리가 얼마나 가까운가 하는 것이다. 강남, 종로, 여의도의 땅값이 비싼 이유가 바로 여기에 있다. 대규모 업무·상업시설이 있어 사람들이 출퇴근하는 이들 지역은 직장인들의 선호도가 높을 수밖에 없다. 이들 지역에 산다면 그만큼 출퇴근을 하면서 발생하는 많은 비용을 줄일 수 있기 때문이다.

그런 맥락에서 대중교통을 이용하는 것이 얼마나 편리한지를 꼭 살펴야 한다. 강남, 종로, 여의도의 땅은 한정되어 있는데 가격은 비싸니 대체재를 찾을 수밖에 없다. 그러면 전혀 연관성이 없는 곳을 선택하는 것이 아니라 자기가 다니는 직장에 접근하기 편리한 지역을 우선적으로 생각하면 된다. 이때 대중교통, 특히 지하철이 중요하다. 이런 이유로 광화문·종로 일대와 강남을 통해 서울을 순환하는 2호선 라인, 여의도와 강남을 관통하는 9호선 라인이 가장 인기 있는 지하철 노선으로 손꼽힌다.

아파트를 투자할 때 두 번째로 살펴보아야 하는 것은 세대수다. 아파트 단지에서 세대수가 갖는 의미는 정말 크다. 세대수가 많으면 많을수록 커뮤니티 시설이 더 많아지고 살기가 더 편리해진다. 또한 대단지 아파트를 중심으로 유치원, 초등학교, 중학교, 고등학교와 같은 교육시설은 물론 공공시설이 형성되는 경우가 많기 때문에 아파트 투자 시에 세대수가 얼마나 되는지는 반드시 살펴보아야 할 사항이다.

일반적으로 3천 세대 이상이면 세대수가 많은 아파트 단지라고 생각하면 된다. 반대로 100세대 미만이거나 단지의 동수가 1개 내지 2개에 불과한 아파트는 피하는 것이 좋다. 이런 아파트를 일컬어 '나홀로 아파트'라고 부르는데 이름만 아파트지 사실상 빌라와 같다고 볼 수 있다. 커뮤니티 시설이 부족하고 인근 주거환경이 불편한 경우가 많아 임차인들의 선호도가 높지 않고, 가격이 잘 오르지 않는 경우가 일반적이다.

빌라는 입지와
건축연도를 봐야 한다

빌라는 아파트보다 투자하기가 어려운 상품이다. 그 이유는 빌라마다 특성이 모두 다르기 때문에 서로 비교가 어렵기 때문이다. 또한 일단 구입하고 나면 하자가 발생해도 수리를 받기가 쉽지 않다. 대기업에서 주로 시공하는 아파트와 달리 소규모 건설업자들이 주로 빌라를 짓기 때문에 품질에 대한 불안감을 떠안을 수밖에 없다. 물론 그만큼 아파트에 비해 가격이 저렴한 것은 빌라가 갖는 장점이다.

그러면 빌라를 볼 때는 무엇을 따져봐야 할까? 빌라에서도 가장 먼저 보아야 하는 것은 입지다. 입지는 부동산에 투자한다면 종류에 관계없이 제일 중요하게 생각해야 하는 요소다. 마찬가지로 업무·상업 지역에 위치할수록 좋으며, 이런 지역에 접근하기 편리할수록 가치가 높다고 말할 수 있다.

두 번째로 살펴봐야 하는 것은 건축연도다. 빌라에 투자할 때는 신축 빌라에 투자할 것인지, 구축 빌라에 투자할 것인지를 신중히 고민해야 한다.

먼저 신축 빌라 구입을 검토하고 있다면 빌라가 잘 지어졌는지 살펴봐야 한다. 이때는 설치된 가구나 벽지, 바닥재를 살펴보는 것도 중요하지만 건축물의 자재도 잘 확인해야 한다. 요즘 신축 빌라들은 눈에 보이는 부분은 모두 좋은 제품을 쓴다. 한샘가구로 주방을 꾸미고, 최신형 TV와 에어컨까지 선물로 준다. 눈에 잘 띄는 것들은 일부러 좋은 브랜드를 써서 구매자를 유혹한다. 하지만 이런 것들은 정말 작은 부분에 불과하다. 자신이 거주할 공간만 봐서는 빌라 간의 차이를 구분하기가 어려우므로 잘 보이지 않는 것들을 살피는 것이 좋다. 건물 내의 시스템 창호 브랜드를 살펴보는 것부터 시작해서 공용 공간을 살펴보면 대략 빌라를 어떻게 지었는지 짐작할 수 있다. 복도의 바닥 마감재는 무엇을 사용했는지, 복도의 창들은 어떤 브랜드의 창호를 사용했는지, 건물의 외벽은 어떤 재료를 이용해 마감했는지 등 이런 부분들을 직접 확인해야 한다. 아마 이런 것들을 살펴보면 빌라 간 차이가 눈에 확 들어올 것이다.

오래된 구축 빌라를 볼 때는 이런 것들보다는 대지지분을 봐야 한다. 기본적으로 구축 빌라에 투자할 때는 재개발을 바라보고 투자하는 것이다. 거주하거나 세를 놓을 생각이라면 신축 빌라를 사는 게 맞다. 구축 빌라의 가격에서 대지지분을 나누면 대지지분 평당 가격이 얼마인지가 나온다. 대지지분 평당 가격이 싸면 구축 빌라를 사서 재개발을 바라보고 투자하고, 비싸면 투자하지 않는 것이 구축 빌라에 대한 투자법이다.

여기서 주의할 점은 재개발지역이라 하더라도 기간이 지나치게 오래 걸릴 것으로 예상된다면 신축 빌라로 접근하는 것이 좋다는 것이다. 결국 투자는 자기자본을 가장 적게 들여서 수익을 극대화하는 것이 가장 좋은데, 구축 빌라의 경우 전세가가 낮기 때문에 자기자본이 많이 들어가게 된다. 따라서 재개발이 장기화될 것으로 예상한다면 재개발을 목적으로 하더라도 신축 빌라로 접근해 투자금을 최소화하는 것이 좋다.

단독주택, 따져볼 것이 많은 어려운 투자처

단독주택은 집 1채에 소유자가 1명인 주택을 말한다(공유 관계 등과 같은 특수한 경우는 제외한다). 앞서 살펴본 아파트와 빌라의 경우 세대마다 소유자가 다른 것이 일반적이지만, 단독주택의 경우에는 한 건물에 방이 많아도 소유자는 1명뿐이다. 단독주택은 투자하기가 굉장히 까다로운 부동산이다. 일반적으로 사람들이 선호하는 거주 형태도 아닐뿐더러, 같은 크기라도 방향이나 크기, 모양에 따라 가격이 천차만별이기 때문이다.

단독주택에 투자할 때는 앞서 살펴본 아파트, 빌라와 마찬가지로 입지가 가장 중요하다. 어떤 입지가 좋은지는 아파트와 빌라의 경우와 같기 때문에 생략하도록 하겠다. 입지 다음으로 단독주택에 투자할 때 따져볼 것은 바로 땅이다. 부동산이란 기본적으로 땅을 바탕으로 한다. 부동산을 사는 것은 본질적으로 땅을 사는 것이며, 건축물은 땅에서 파생된 현상에 불과하다. 20년 뒤 아파트 값이 분양 당시보다 비싼 이유도 건축물의 가치는 떨어졌지만 땅의 가격이 상승했기 때문이다. 그래서 눈에 보이는 건축물보다 일단 땅의 모양을 살펴보는 게 좋다. 땅의 모양이 어떻게 생겼는지, 땅의 방향은 어떠한지, 땅의 크기는 어떠한지 등을 잘 봐야 한다.

땅 다음으로 중요한 것이 바로 건물이다. 건물은 땅처럼 영구적이진 않지만 지어놓으면 수십 년을 사용해야 한다. 우선 건물의 구조나 건축자재 등을 꼼꼼히 살펴보는 것이 중요하다. 단독주택은 정말 개인의 취향과 선호에 따라 완전히 다른 건물이 만들어지기 때문에 아파트처럼 물건을 보지도 않고 구입하거나 건성으로 살펴봤다가는 낭패를 보기 쉽다. 또한 어느 정도 세월이 지난 주택을 살펴볼 때는 여러 가지 하자 여부도 꼭 확인해야 한다. 물이 새는 곳은 없는지, 노후화되어 손볼 곳은 없는지 등을 꼼꼼하게 확인할 필요가 있다. 이런 부분은 개인이 접근하기가 어려워 단독주택 투자는 아파트에 비하면 굉장히 어렵다.

마지막으로 여러 가구가 함께 거주하고 있는 다가구주택을 고민하고 있다면, 방의 구성을 비롯해 전세와 월세 내역을 꼼꼼히 따져봐야 한다. 주인 세대가 있는지, 주인 세대를 제외한 다른 가구들은 원룸인지 투룸인지 쓰리룸인지 살펴야 한다. 방이 어떻게 구성되어 있는지에 따라 공실률에 큰 영향을 미치기 때문에 지역적 특성과 가구의 구성이 적절한가를 따져보는 것이 중요하다.

그뿐만 아니라 임대된 가구의 전세, 월세 내역을 살펴보고 그 금액이 주변 시세와 다르지는 않은지 등을 확인하는 작업도 꼭 필요하다. 일부 나쁜 마음을 가진 건축업자나 중개사가 물건을 팔기 위해 허위로 임대차 계약을 작성하는 경우가 있다. 다가구주택에 투자할 때는 이런 부분들도 놓쳐서는 안 된다. 그렇지 않으면 뜻하지 않은 위기를 맞을 수 있다.

이처럼 단독주택은 고민할 것이 많아 가치를 제대로 평가하기가 쉽지 않고, 잘 알지 못하면 덤터기를 쓸 가능성이 높다. 실제로 몇 차례 투자 경험이 있는 우리 가족도 건축업자와 중개사의 꼼수에 걸려 큰 피해를 본 적이 있다. 그러니 단독주택은 정말 꼼꼼하게 보고 또 보는 것이 중요하다.

부동산 투자에서 수익형 부동산과 차익형 부동산 중 무엇이 더 나은지는 투자자들의 영원한 고민거리다. 부동산 투자자들은 수익과 차익을 모두 얻고 싶어 하지만, 그런 부동산을 찾기란 쉽지도 않을뿐더러 자칫 잘못 접근했다간 두 마리 토끼를 모두 놓쳐버릴 수 있다. 투자는 항상 '나'를 기준으로 생각해야 한다. 자신의 필요에 맞게 투자를 하면 그게 정답이다.

4장

실패하지 않는
부동산 투자법

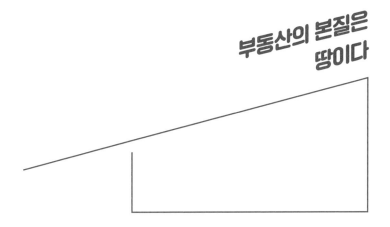

부동산의 본질은 땅이다

견월망지(見月忘指)란, 달을 보라고 가리키는데 달은 보지 않고 가리키는 손가락만 본다는 말이다. 본질은 보지 못하고 현상만 보려는 사람을 일컫는 말이다.

이런 사람이 정말 있을까 싶지만 우리 주변에 생각보다 많이 있다. 부동산 투자 책들을 보면서 저자가 얼마를 벌었는지에만 관심을 갖는다거나 투자 설명회에 와서 무턱대고 오를 만한 아파트를 콕 찍어달라는 사람들이 그러하다. 부동산 책 저자가 얼마나 벌었는지도, 무슨 아파트가 오를지 아는 것도 중요하지만 그보다는 저자가 어떻게 돈을 벌었는지, 왜 그 아파트가 오를 거라고 생각하는지를 아는 것이 더 중요하다. 즉 부동산 투자를 하는 데 있어서도 본질을 보려는 노력이 필요하다는 것이다.

견지망택(見地忘宅) :
땅을 보았으면 건물은 잊어버려라

초보자들은 부동산을 살 때 건물을 보고 산다. 아버지 역시 첫 주택을 구입할 때 건물을 보고 투자를 결정했다. 건축연도가 얼마 되지 않고 건물이 멋지게 올라간 집을 선택했다. 그리고 그 집에서 행복하게 살았다. 25년 동안 말이다. 그런데 25년이 지나고 나서 그 당시에 얼마나 큰 실수를 저질렀는지 깨닫게 되었다. 집을 팔려고 보니 땅값이 근처 땅보다 저렴했고, 건물을 지으려고 해도 건물이 제대로 들어서지 못했기 때문이다. 물론 우리 집의 가격은 많이 올랐지만, 25년 전에 다른 선택을 했다면 더 많이 올랐을 것이다. 이 모든 것이 부동산의 본질은 땅이라는 것을 몰랐기 때문에 일어난 결과다.

부동산의 본질은 땅이라는 말이 무슨 말일까? 아파트든 빌라든 단독주택이든 흔히 부동산을 거래할 때는 주로 그 건물을 보고 판단한다. 방의 구조가 잘 나왔는지, 인테리어 마감재는 무엇을 썼는지, 층은 괜찮은지 등을 따져보고 가격이 적정한지를 고민한다. 우리는 그런 모든 것들이 땅 위에서 이루어진 것이라는 점을 알아야만 한다. 땅이 있고 그 땅 위에 건물이 올라간다는 것이다. 땅 위에 건물이 올라가니 땅은 보지 않고 건물만 보고 부동산을 거래하게 된다. 하지만 건물은 30년만 지나도 가치가 많이 떨어져 결국 남는 건 땅의 가치밖에 없다. 그래서 부동산의 본질은 땅이라는 사실을 반드시 명심해야 한다.

부동산 가격이 떨어진 이유 :
건물의 감가상각 〉 땅의 가치 상승

아버지가 경상북도 칠곡군 석적읍 중리에 다가구주택을 샀을 때의 일이다. 현지에 주택관리회사들이 있어 서울에 살면서도 신경 쓸 게 하나도 없다는 중개사의 말과 달리 공실이 계속 발생하자 아버지는 직접 관리하기 위해 이사를 결심했다. 그리고 거기서 5년간 거주했다. 그 5년간의 경험은 땅이 얼마나 중요한가를 깨닫는 계기가 되었다.

　그 다가구주택은 연면적이 660m²(200평)나 되는 커다란 건물이었다. 주인 세대를 포함해 총 19가구로 이루어진 건물이었고, 원룸과 투룸, 쓰리룸이 적절한 구조로 넓게 잘 지어진 집이었다. 인근 중개사들 사이에서도 잘 지어진 집이라고 이야기할 정도였으니 정말 흠잡을 곳이 없기는 했다.

　그런 훌륭한 집의 가격은 2007년 당시 7억 5천만 원이었다. 우리가 그 건물에 거주하고도 월세는 다달이 660만 원이 나왔다. 거주의 목적으로도 수익률 면에서도 훌륭한 부동산이었다. 아마 이런 건물이 강남에 있었더라면 그 당시 가격으로 30억 원은 훌쩍 넘었을 것이다. 그런데 우리는 2014년에 이 다가구주택을 7억 1천만 원에 매매했다. 2018년 기준 인근 시세를 보니 4억 원 수준이 되어 있다. 왜 가격이 점점 떨어지고 있는 것일까? 부동산은 절대 떨어지지 않는 것이 아니었나?

칠곡군 석적읍에 위치한 다가구주택 가격이 떨어진 이유는 건물에 대한 감가가 토지의 가격 상승보다 훨씬 더 크게 일어났기 때문이다. 주변에 논과 밭, 산이 널려 있고 얼마든지 집을 지을 땅을 구할 수 있는 이 지역은 땅에 대한 희소성이 크지 않았기 때문에 땅의 가격이 많이 상승하지 못했다. 그래서 시간이 지날수록 낡아가는 건물의 가치 하락을 이겨내지 못한 것이다. 결국 매매가격 역시 하락하는 결과로 이어졌다.

반대의 경우를 생각해보자. 강남의 아파트를 예로 들 수 있다. 30년이 지난 강남 아파트 단지에 이상한 현수막들이 하나둘 걸리기 시작했다. 안전진단검사를 받았는데 E등급을 받았다고 축하 현수막을 달아놓은 것이다. 자신이 가진 건물이 나쁜 등급을 받았는데 축하한다고 현수막을 달다니 이상하지 않은가? 더군다나 30년이 지난 오래된 아파트의 가격이 치솟는 현상까지 나타나니 외국인이 본다면 쉽게 이해하지 못할 상황이다. 물론 우리는 이게 재건축 때문이라는 것을 알고 있다. 30년이 지나 건물이 헐리고 새로운 아파트가 들어서면 수억 원 이상의 수익이 생긴다는 사실도 알고 있다. 그렇다. 바로 여기서 우리는 부동산의 본질이 땅이라는 것을 다시 한 번 확인할 수 있다.

강남 재건축 아파트 값이
상승하는 이유

강남의 경우 더 이상 아파트를 지을 땅이 없다. 그러니 새 아파트가 부족해지고, 새 아파트를 지을 수 있는 땅의 가치는 점점 더 상승하게 된다. 돈이 있는데도 새 아파트가 없어서 쾌적한 주거공간을 누리지 못하는 것이다. 그런 상황에서 재건축 기준을 충족한 아파트들이 하나둘 나오기 시작했다. 이 말은 새 아파트를 건축할 수 있는 땅이 공급된다는 말과 같다. 새 아파트에 대한 수요가 많았던 강남에 낡은 아파트를 헐어 새로운 아파트를 지으니 수요가 몰릴 수밖에 없고 당연히 가격은 폭등하게 되었다. 설령 건물의 가치가 0이 되더라도, 땅의 가치가 그보다 훨씬 크게 상승하면서 전체적인 매매가가 상승하는 결과로 이어진 것이다.

칠곡군 다가구주택의 사례와 강남 재건축 아파트의 사례는 결국 부동산의 본질은 땅을 사고파는 것이라는 사실을 잘 보여준다. 부동산에 투자할 때 우리가 건물이 아닌 땅을 가장 우선적으로 봐야 하는 이유이기도 하다. 실제로 땅을 보지 않고 건물만 보고 투자했다가 재테크에 실패한 사례는 굉장히 많다.

용인에 아파트 단지가 들어서기 시작할 때의 일이다. 자연환경이 좋은 데다 좀 더 넓고 쾌적한 주거공간을 원했던 강남과 분당 지역의 일부 사람들은 자신의 아파트를 팔아 용인으로 이사를 갔다. 아무래도 강남과 분당의 아파트 값은 비싸고 용인은 새 아파트임에도 불구하고 가격이 저렴했기 때문이다. 기존에 살던 평수를 배로 늘려 새 아파트로 옮겼는데도 현금을 남겨 손에 쥘 수 있었다. 처음 이사 갔을 때는 만족도가 좋았다. 2배 가까이 넓어진 아파트와 자연을 낀 쾌적한 주거환경은 강남이나 분당에서는 누리기 힘든 큰 이점이었다.

하지만 10년이 지난 지금 아파트 값은 그 이상으로 차이가 벌어졌다. 강남의 아파트 값은 모두가 다 알듯이 하늘 높은 줄 모르고 치솟고 있고, 용인의 아파트들은 힘을 쓰지 못하고 있다. 이들이 부동산의 본질이 땅이라는 사실만 알았더라면 강남 아파트를 팔아 용인 아파트를 사는 선택은 하지 않았을 것이다. 땅이 아닌 건물을 보고 부동산을 선택했기에 이런 결과를 맞이한 것이다.

부동산에 투자할 때 항상 이것만은 염두에 두고 투자해야 한다. 부동산은 땅이 중요하다. 부동산 거래는 곧 땅을 거래하는 것이다. 이 단순한 진리는 그 부동산이 정말 투자가치가 있는지, 투자가 성공을 거둘 것인지 판단하는 데 큰 도움이 될 것이다.

투자는 두 번째 집부터 시작된다

대부분의 사람들은 부동산을 사면 그것이 모두 부동산 투자라고 생각한다. 이 말은 반은 맞고 반은 틀리다. 진짜 부동산 투자는 자신이 살 집이 마련된 후, 두 번째 집부터 시작된다. 앞서 첫 번째 집은 시간과 장소의 동일성으로 인해 투자가 될 수 없음을 살펴보았다. 집이 1채뿐이라면 저점에 사서 고점에 팔더라도, 다시 고점인 시기에 거주할 아파트를 구입해야 하니 사실상 큰 수익이 발생하기 어렵다. 내 아파트만큼 다른 아파트들도 가격이 오르기 때문이다. 거기다 직장이나 자녀의 학교 등을 이유로 거주지를 멀리 옮길 수도 없는 상황이라면 결국 실질 자산은 아파트 1채로 큰 변화가 없다.

그래서 본격적인 투자는 두 번째 집부터 시작되는 것이다. 자신이 살고 있는 집을 확보하고 난 뒤에야 시간과 장소에 구애받지 않으며 투자를 할 수 있게 된다. 저점에 사서 고점에 팔고, 팔고 나서 생긴 자본을 가지고 다시 저점이 오기를 기다렸다가 투자할 수 있게 된다는 말이다.

집이 1채라면 집값이 아무리 올라도
수익을 체감하기 어렵다

30년 동안 첫 번째 집에 거주하고 있는 우리 가족의 사례를 보자. 아버지는 3억 원 정도의 금액을 가지고 집을 구입했다. 그리고 그 집은 2018년 기준 20억 원대가 되었다. 30년 동안 두 번 집을 팔려고 했다. 한 번은 부동산 경기가 침체되어 있어 아무도 집을 사려고 하지 않아서 집을 팔 수 없었다. 그다음에는 집값이 많이 올랐다는 판단하에 살던 집을 팔고 다른 집을 사려고 알아보니, 집을 팔아서 생기는 돈으로 마땅히 살 만한 부동산을 찾을 수 없어 팔지 않았다. 우리 집값이 오른 만큼 다른 집값도 모두 올랐기 때문이다.

명목상 우리 집값은 3억 원대에서 20억 원대가 되었다. 그 결과 우리 가족의 삶은 달라졌을까? 안타깝게도 크게 달라지지 않았다. 집값이 3억 원대에서 20억 원대가 되었을 뿐 그 집에 살고 있는 것은 똑같기 때문이다. 그 집에 거주해야 하는 입장에서 집값의 변화는 큰 의미가 없었다. 집값은 사거나 팔 때 의미가 있다. 그래서 1주택자일 때는 부동산으로 수익을 창출하고 부를 증진시키기가 어렵다. 자신이 거주하는 집 외에 두 번째 집을 가질 때부터 진정한 투자가 이루어지게 된다.

2주택자부터 진정한 부동산 투자를 하게 된다는 의미는 크게 2가지다. 첫째는 시간을 자유롭게 이용할 수 있게 된다. 모든 투자자는 저점에 매수해서 고점에 매도하기를 원한다. 거주하고 있는 집을 확보하게 되면 시간을 가지고 매수, 매도, 보유 이 3가지 옵션을 선택할 수 있다. 부동산이 고점이라고 판단되면 두 번째 집을 팔아 차익을 실현하고, 부동산 시장이 침체되었다고 여겨지면 헐값에 부동산을 매수한다. 시장이 한동안 횡보할 것 같으면 현금을 보유하는 전략도 가능하다. 자신이 생각하는 상황에 따라 적절한 대응을 할 수 있다.

둘째는 장소에 구애받지 않는 투자가 가능해진다. 부동산은 지역성을 가지고 있기 때문에 지역에 따라 상승과 하락이 다른 모습을 보인다. 서울의 부동산이 상승할 때 부산의 부동산은 하락할 수 있고, 대구의 부동산이 상승할 때 서울의 부동산은 하락하는 모습을 보일 수 있다. 자기가 거주하던 집만 가지고 있는 1주택자는 장소의 제약에서 벗어날 수 없다. 직장과 학교가 모두 서울인데 서울에 살던 집을 팔고 대구에 부동산을 투자한다는 것은 매우 어려운 일이기 때문이다. 하지만 2주택자는 다르다. 거주하는 집 외에 추가적인 주택을 순수하게 투자 목적으로 보유하는 것이기 때문에 오를 것이라고 판단하는 지역에 투자하면 된다.

물론 부동산 투자를 시간과 장소만 가지고 하는 것은 아니다. 언제 어디에 투자해야 할지 판단하는 데 도움을 주는 여러 가지 보조지표와 이론들이 있다. 많은 투자자들은 그런 보조자료들을 활용해 지금이 투자할 시기인지 아닌지를 판단하고, 어디에 투자할지를 결정한다. 그중 가장 보편적이고 많은 사람들이 이용하는 '벌집순환모형'을 소개해보고자 한다.

부동산 시장을 판단할 수 있는
벌집순환모형

벌집순환모형은 부동산 시장을 총 6개의 국면으로 구분해 바라본 것이다. 회복기, 호황기, 침체진입기, 침체기, 불황기, 회복진입기가 6개의 국면인데 각각의 국면에 따라 거래량과 가격이 달라지는 것을 알 수 있다.

제1국면인 회복기에는 거래량이 서서히 늘어나고 가격도 같이 상승한다. 제2국면인 호황기에는 거래량은 줄어들면서 가격이 상승하는 모습을 보인다. 부동산 가격이 상승하자 부동산을 팔려던 사람들이 매물을 거둬들여 거래량이 줄어드는 것이다. 제3국면인 침체진입기에는 가격은 횡보하면서 거래량은 줄어든다. 가격이 너무 치솟으면서 부동산을 사려던 사람도 더 이상 사지 않는 것이다. 제4국면 침체기에 들어서면 가격은 내려가면서 거래량이 더 줄어들기 시작한다.

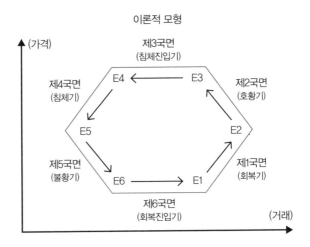

이론적 모형

(가격)

제3국면
(침체진입기)

제4국면
(침체기)

E4 ← E3

제2국면
(호황기)

E5

E2

제5국면
(불황기)

제1국면
(회복기)

E6 → E1

제6국면
(회복진입기)

(거래)

| 벌집순환모형 6단계 |
자료 : KB금융지주경영연구소

부동산 가격이 하락하기 시작하자 보유한 부동산을 팔려고 내놓지만 사려는 사람이 없는 것이다. 제5국면인 불황기에는 가격은 더 떨어지고 거래량은 서서히 증가하기 시작한다. 가격이 계속 떨어지자 부동산 가격이 싸졌다고 판단한 매수자들이 부동산을 구입하는 것이다. 마지막 제6국면인 회복진입기에 들어서면 가격은 횡보하고 거래량은 증가하는 모습을 보인다. 가격이 바닥에 왔다고 생각한 사람들이 부동산을 사들이기 시작하는 것이다. 그리고 다시 시장은 제1국면인 회복기로 진입해 계속 순환한다는 것이 벌집순환모형의 핵심이다.

벌집순환모형을 참고하면 지금 부동산 시장이 어느 국면인지 판단하는 데 도움이 된다. 또한 지역마다 다른 양상을 보일 수 있기에 자신이 살고 있는 지역이 투자에 적절한 시점이 아니라고 판단되면 타 지역을 살펴보고 해당 지역에 투자를 할 수도 있다. 앞서 2주택부터 진정한 부동산 투자를 즐길 수 있다는 말은 이런 투자의 시기를 자유 자재로 다룰 수 있는 것이 바로 2주택부터이기 때문이다.

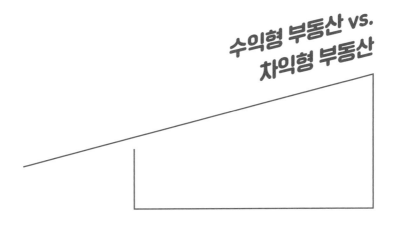

수익형 부동산 vs. 차익형 부동산

중국집에서 음식을 주문할 때는 짜장면과 짬뽕 중 무엇을 고르는지가 우리의 영원한 고민거리라면, 부동산 투자에서는 수익형 부동산과 차익형 부동산 중 무엇이 더 나은지가 투자자들의 영원한 고민거리다. 부동산 투자자들은 수익과 차익을 모두 얻고 싶어 하지만, 그런 부동산을 찾기란 쉽지도 않을뿐더러 자칫 잘못 접근했다간 두 마리의 토끼를 모두 놓쳐버리는 실수를 범할 수도 있기 때문이다. 따라서 자신에게 잘 맞는 부동산을 찾아서 목표에 맞는 투자를 하는 지혜가 필요하다.

어떤 사람에게 수익형 부동산이 좋은지, 차익형 부동산이 좋은지는 정해져 있지 않다. 매달 일정한 수익이 필요한 사람은 수익형 부동산에 투자하면 되고, 지금 당장 수익이 들어오지 않아도 되는 사람은 차익형 부동산에 투자하면 된다. 이렇게 간단한 문제를 투자자들이 계속 고민하는 이유는 여전히 수익과 차익을 둘 다 누리고 싶은 욕심을 버리지 못하기 때문이다.

차익형 부동산은
시간을 필요로 하는 투자다

아버지와 함께 부동산 투자 박람회에 참석하면, 내 또래는 거의 없고 아버지 또래나 아버지보다 연세가 많은 분들이 대부분이다. 한 번은 강연장의 맨 앞에 앉아 강의를 들으려고 준비하고 있었다. 옆자리에 앉은 백발이 풍성한 할아버지가 "이렇게 젊은 사람도 왔네." 하면서 말을 걸어 이런저런 이야기를 나눴던 적이 있다. 부동산 투자 박람회였기 때문에 살고 있는 지역과 부동산에 대해 이야기를 나누었지만 내가 인상 깊게 느낀 점은 함께 나눈 이야기가 아니라 그 할아버지의 백발이었다.

일반적으로 부동산 투자는 시간이 오래 걸린다. 기본적인 세금 문제도 있고, 주식처럼 가격 변동성이 급격하게 일어나지 않기 때문이다. 지금 재개발 지역에 투자하면 언제 아파트가 지어질지 알 수 없고, 지금 어느 지역에 지하철이 생긴다고 발표해도 개통은 언제가 될지 짐작하기 어렵다. 그렇기에 부동산은 시간이 오래 걸리는 투자 상품이다. 주식처럼 내일 갑자기 30%가 올라가는 일은 일어나지 않는다는 말이다.

그날 강연장에서 내 옆에 앉았던 백발이 무성한 할아버지는 거의 졸아가며 강연을 들으셨다. 8시간에 걸쳐 강연이 이어지는 동안 꿋꿋이 자리를 지킨 할아버지의 배움에 대한 욕구는 그 누구보다도 높았다. 나도 그 할아버지를 보면서 느끼는 것이 많았으니까 말이다. 그러다 문득 그 할아버지는 도대체 왜 이 강연을 들으실까 하는 궁금증이 생겼다.

방배동에 거주하신다는 그 할아버지는 단독주택을 비롯해 몇 채의 부동산을 가지고 있다고 했다. 할아버지의 연세는 알 수 없었지만, 1년에 1억 원씩 죽을 때까지 써도 돈이 남을 만큼 충분한 자산가로 보였다. 할아버지는 강연이 끝날 때마다 강연자가 어디에 투자해야 좋다고 말했는지 나에게 물어보셨다. 자신의 자산을 어디에 투자해야 할지 고민하는 것 같았다.

나는 할아버지의 투자에 대한 열정을 보면서, 저 연세에 얼마나 더 많은 돈을 벌려고 이렇게 열심히 투자처를 찾으시나 하는 생각이 들었다. 방배동을 비롯해 몇 개의 부동산을 이미 가지고 계신 할아버지는 아마도 수많은 자산을 남기고 세상을 떠날 것이다. 물론 자식들에게는 좋은 일이지만 이미 쓰고도 남을 만큼 돈을 가진 사람에게 돈을 더 버는 것이 의미가 있을까?

수익형과 차익형,
나이를 기준으로 선택하자

나는 수익형 부동산과 차익형 부동산 중 어떤 것에 투자하는 게 좋은지에 대해 나이를 중요한 기준 중 하나로 생각한다. 살아갈 날이 많은 젊은 사람들은 10년, 20년을 기다려서라도 큰 수익이 생긴다고 하면 차익형으로 접근하는 것이 옳다. 반면에 나이가 80세인 분들은 최소 10년은 지나야 수익을 볼 수 있는 투자를 한다면 그게 바람직한 것일까? 어차피 쓰지도 못할 돈을 버는 게 대체 무슨 의미가 있는가. 차라리 매달 얼마씩 연금처럼 돈이 나온다면 삶의 질을 높이는 데 도움이 될 것이다. 이분들에게는 수익형 부동산이 맞다고 생각한다.

나이가 젊은 사람들은 한창 경제활동을 하기 때문에 매달 일정 수익이 더 들어온다고 해서 삶이 크게 달라지지는 않는다. 그 금액만큼 저축을 더 할 수 있을지는 몰라도 삶에 큰 보탬이 되는 정도는 아닐 것이다. 차라리 일정 자본을 투자해서 시간이 지나면 큰 차익을 기대할 수 있는 차익형 부동산에 투자하는 것이 더 나은 미래를 만들어가는 데 도움이 될 수 있다.

물론 이 구분은 절대적인 것이 아니다. 매달 일정하게 돈이 필요한 사람은 수익형 부동산에 투자하고, 당장 돈이 필요하지 않으면 차익형 부동산에 투자하면 된다. 단지 여기서 묘하게 차이가 나는 부분이 있어 이렇게 나이를 예로 들어 기준을 제시해본 것이다.

여기서 알아둘 것은 수익형 부동산과 차익형 부동산을 정확히 구분

수익형 부동산	차익형 부동산
• 도시형 생활주택 • 단독 · 다가구주택 • 다세대주택 • 꼬마빌딩(소형빌딩) • 상가주택 • 상가	• 재건축 • 재개발 • 분양권 • 입주권 • 토지

해서 알고 투자해야 한다는 것이다. 이 두 부동산에 대한 구분과 이해 없이 수익형 부동산에 투자해놓고 차익을 기대하고 있다거나, 차익형 부동산에 투자해놓고 월세수익을 바라고 있다면 우물에 가서 숭늉을 찾는 격이다.

부동산 투자의 답은
'나'에게 있다

투자는 항상 '나'를 기준으로 생각해야 한다. 자신의 필요에 맞게 투자를 하면 그게 정답이다. 사놓으면 2년 뒤에 돈을 번다는 중개사의 말을 듣고 투자하면 안 되고, 은행이 입점해서 매달 월세수익이 나온다는 상가 분양업자의 말을 믿고 투자해서도 안 된다. 젊은 사람은 차익형 부동산에 투자하고, 나이가 있는 사람은 수익형 부동산에 투자하라는 것도 하나의 기준에 불과하다.

한 달 월급이 최저임금에 불과한 젊은 사람은 수익형 부동산에 투자해 소득을 높이는 것이 옳을 수 있고, 은퇴 이후에도 다른 소득이 충분한 어르신이라면 차익형 부동산에 투자하는 것이 맞을 수도 있다. 그러니 수익형 부동산과 차익형 부동산 중 무엇을 고를지 고민하기에 앞서 '나'의 상황을 먼저 면밀히 살펴봐야 한다. 자신의 상황을 정확히 파악하고 원하는 것이 무엇인지 알아야 그에 맞는 부동산을 찾아 투자할 수 있다. 그렇지 않으면 업자들의 말에 휘둘려 나무에 올라가서 물고기를 구하고 있을지도 모른다.

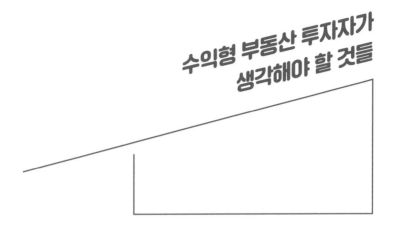

수익형 부동산 투자자가 생각해야 할 것들

수익형 부동산에 투자하려는 투자자에게 가장 중요한 것은 임대수익률이다. 수익형 부동산에 투자하려는 투자자는 반드시 수익률을 구하는 공식을 알고 있어야 한다. 그래야 부동산 간의 비교가 가능해 어디에 투자할 것인지 결정을 내리기가 쉽기 때문이다.

그렇다고 산출된 수익률만 믿어서는 안 된다. 수익이 지속 가능한지, 매매가의 하락 가능성은 없는지도 함께 따져봐야 한다. 예상한 월세수익만 믿고 투자했다가 임차인이 바뀌면서 월세가 터무니없이 떨어지는 경우도 종종 있고, 월세는 떨어지지 않아도 매매가가 몇 년 뒤에 하락하는 경우도 있다.

수익형 부동산을 비교할 때
공식 하나만 알면 된다

수익형 부동산에 투자하기 위해 중개사무소를 찾아갔다고 해보자. 먼저 찾아간 A중개사무소에서는 매매가 3억 원, 보증금 2천만 원, 대출금은 2억 원, 월세는 90만 원을 받을 수 있는 수익형 부동산을 추천했다.

다음으로 들른 B중개사무소에서는 매매가 2억 원, 보증금 1천만 원, 대출금 1억 원, 월세 65만 원을 받을 수 있는 수익형 부동산을 추천했다. 당신은 A부동산과 B부동산 중 어떤 물건에 투자하겠는가?

매매가, 보증금, 대출금, 월세가 모두 다르기 때문에 어떤 것에 투자할지 혼란스러운 것이 당연하다. 그렇다고 건물만 보고 단순히 마음 가는 대로 결정하는 실수를 저질러서는 안 된다. 그러면 부동산 투자에 실패할 수밖에 없다.

| A부동산과 B부동산의 투자 비교 |

	A부동산	B부동산
매매가	3억 원	2억 원
보증금	2천만 원	1천만 원
대출금	2억 원	1억 원
월 임대료	90만 원	65만 원
대출이자(연 4%)	연 800만 원	연 400만 원

수익형 부동산에 투자하고자 한다면 꼭 알아야 하는 공식이 있다. 바로 수익률을 판단할 수 있는 공식이다. 이 공식만 있으면 어느 부동산이 더 수익성이 좋은지 쉽게 알아낼 수 있다. 수익형 부동산의 수익률을 구하는 공식은 다음과 같다.

[(월 임대료×12개월)−(월 대출이자×12개월)]÷(매매가−보증금−대출금)

실제로 한 번 계산해보도록 하자. 먼저 A부동산의 수익률을 분석해보면 다음과 같다.

[(90만 원×12개월)−(800만 원)]÷(3억 원−2천만 원−2억 원)

= 280만 원÷8천만 원 = 3.5%

다음으로 B부동산의 수익률을 구해보자.

[(65만 원×12개월)−(400만 원)]÷(2억 원−1천만 원−1억 원)

= 380만 원÷9천만 원 = 4.2%

A부동산은 수익률이 3.5%이고 B부동산은 수익률이 4.2%이므로 B부동산이 A부동산보다 수익률이 더 좋은 투자대상이다. 수익형 부동산 투자의 기본은 수익률 계산에서부터 시작한다.

수익형 부동산에서
수익률보다 중요한 것들

이렇게 수익률을 비교해서 올바른 투자 판단을 내릴 수만 있다면 부동산 투자는 정말 쉬울 것이다. 수익률을 계산하는 데서 끝나는 게 아니라 수익률 속에 숨겨져 있는 변수들을 따져봐야 한다. 이 변수들을 정확히 보느냐 보지 못하느냐에 따라 투자의 성공과 실패가 결정된다고 해도 과언이 아니다. 여기서 말하는 수익률 속에 숨겨져 있는 변수는 수익의 지속성과 매매가격의 하락이다.

먼저 수익의 지속성이란 현재 받고 있는 임대료를 앞으로도 계속받을 수 있는가 하는 것이다. 현재 받고 있는 임대료를 계속 받을 수없게 되는 경우는 월세 가격의 하락과 공실로 인해 발생하게 된다. 월세 가격의 하락과 공실의 발생은 공급과잉과 수요 감소로 이야기할수 있다. 먼저 공급과잉은 주변에 방들이 계속 새롭게 생기는 경우를말한다. 처음에는 내가 투자한 오피스텔만 있었는데, 그 옆에 오피스텔이 하나 생기고 그 옆에 또 다른 오피스텔이 들어서는 것이다. 그러면 공급이 증가하면서 자연스럽게 임대료가 내려가게 된다. 월 임대료가 내려가면 처음에 계산했던 수익률이 떨어지게 되므로 생각했던대로 성과를 내지 못한다.

임대료가 하락하는 또 다른 경우는 수요가 줄어드는 것이다. 여기서 수요는 임차인을 의미하는데, 예를 들어 지역에 있던 공장이 이전하는 경우 해당 지역의 임대수요가 급감하면서 임대료가 하락하게 된다. 심한 경우 방이 남아도는 공실이 발생하기도 한다. 이런 경우 몇 달 동안 임대수익 자체가 없을 수도 있기 때문에 수익률이 처음 계산 했던 것보다 현저하게 낮아지고 만다.

이러한 수익의 지속성을 살펴봤는데도 큰 문제가 없어 보인다면, 다음으로 생각해야 할 것은 매매가의 하락 가능성이다. 매매가의 하락이란 A부동산을 3억 원에 샀는데 10년 정도 가지고 있다 팔려고 보니 매매가가 2억 원으로 떨어져 있는 것을 의미한다. 이럴 경우 10년 동안 1억 원이 하락했으므로 사실상 1년마다 1천만 원씩 손실을 본 것과 같다. 그동안 받았던 임대수익에서 매매가의 하락분을 빼고 나면 수익이 나지 않는 경우도 발생할 수 있다. 따라서 매매가의 하락 가능성이 있는지도 반드시 살펴봐야 한다.

임대료의 하락이나 매매가의 하락 가능성을 쉽게 판단할 수 있는 방법은 없을까? 간단하게 이것만 보면 된다고 할 수 있는 것은 없지만, 대략적으로 쉽게 판단할 수 있는 방법은 있다. 자신이 투자할 수익형 부동산의 주변을 살펴보는 것이다. 만약 투자를 검토하고있는 수익형 부동산의 주변에 빈 공터나 다른 수익형 부동산들이 들어서고 있다면 위험 신호다. 수요가 탄탄하다면 큰 문제가 생기지 않겠지만, 수요가 새로운 임대주택의 공급을 받쳐주지 못한다면 여지없이 임대료의 하락으로 이어질 가능성이 높다. 따라서 투자하고자 하는 해당 부동산의 부지를 직접 찾아가서 주변 환경을 둘러보는 노력이 필요하다.

주택의 공급량을 확인해볼 수 있는 사이트

하우스타(HOUSTA) 주택정보포털

해당 지역의 부동산 정보가 궁금할 때 유용하게 이용할 수 있는 사이트가 있다. 바로 주택도시보증공사가 운영하고 있는 하우스타 주택정보포털(housta.khgc.co.kr)이다. 하우스타 주택정보포털에서는 주택시장을 가격, 거래, 공급, 금융, 재고, 주거환경으로 구분해 다양한 통계 데이터를 제공하고 있다. 평균 주택 매매가격, 주택 거래 현황, 주택건설 인허가실적, 분양 승인실적, 입주 예정 아파트, 미분양 현황, 임대주택 현황, 멸실주택, 공동주택 현황, 주택보급률 등 다양한 정보를 한눈에 볼 수 있다.

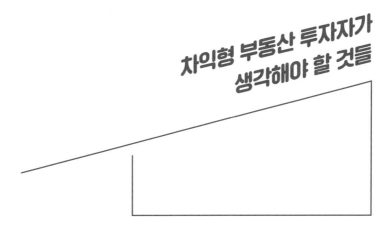

차익형 부동산 투자자가 생각해야 할 것들

차익형 부동산에 투자하려는 투자자들은 투자금과 시간을 중요하게 생각해야 한다. 가격이 상승할 만한 부동산을 잘 골라서 보유하다가 매매가가 목표 가격에 도달하면 처분하는 것이 차익형 부동산의 투자 원리다.

이런 차익형 부동산 투자의 특징을 잘 드러내는 것이 바로 갭 투자다. 그래서 갭 투자의 투자 원리를 살펴보면 차익형 부동산 투자에서 중요한 것이 무엇인지 한눈에 알 수 있다. 먼저 갭 투자의 투자 원리를 살펴보도록 하겠다.

갭 투자가 수익률이
높을 수밖에 없는 이유

매매가 3억 원짜리 빌라가 있다고 치자. 여기에 전세 2억 5천만 원에 임대차 계약을 맺은 임차인이 살고 있다. 전세금은 임차인과의 계약이 종료되었을 때 돌려주면 되는 것이므로 이 빌라를 사기 위해 필요한 돈은 5천만 원뿐이다. 투자자는 5천만 원을 가지고 이 빌라를 전세를 낀 상태로 투자하고 2년 뒤 전세 계약이 끝날 때쯤 매매가와 전세가의 상승을 기대한다.

만약 2년 뒤에 매매가가 3억 3천만 원으로 오르고 전세가가 3억 원으로 오른다면 투자자는 새롭게 전세 계약을 3억 원에 맺음으로써 투자금 5천만 원을 회수한다. 그리고 부동산을 매매할 때는 전세금을 제외하면 3천만 원의 차익을 얻게 된다. 결과적으로 5천만 원을 투자해서 3천만 원을 벌었기 때문에 수익률이 무려 60%에 달한다.

매매가와 전세가의 상승에 베팅해 차익을 극대화하는 것이 갭 투자다. 이러한 갭 투자에서는 자기자본이 최소화될수록, 매매가와 전세가가 오르는 시간이 짧을수록 수익이 커진다.

이제 예를 들어 생각해보자. 갭 투자를 하기 위해 중개사무소에 들러보았다. A중개사무소에서는 매매가 3억 원, 전세 2억 9천만 원이 껴 있는 부동산을 권했고, B중개사무소에서는 매매가 2억 원, 전세 1억 8천만 원짜리 부동산을 추천했다. 과연 어디에 투자하는 것이 더 좋을까?

	A부동산	B부동산
매매가	3억 원	2억 원
보증금	2억 9천만 원	1억 8천만 원
대출금	-	-
월 임대료	-	-
대출이자(연 4%)	-	-

부동산 투자를 처음 하는 사람들은 가장 먼저 매매가와 전세가를 살펴본다. 매매가와 전세가를 보면서 자신이 이 금액을 감당할 수 있는지 따져볼 것이다. '전세 계약이 종료되면 전세금을 돌려줘야 하는데 내가 2억 9천만 원을 돌려줄 수 있을까? 수중에 있는 돈은 5천만 원뿐인데, 너무 위험한 게 아닌가?'라고 생각하면서 매매가와 전세가가 낮은 B부동산을 선택한다. 안전한 투자를 하고 싶은 심리가 작용하는 것이다.

차익형 부동산은 이렇게 투자하는 것이 아니다. 차익형 부동산에 투자할 때는 매매가와 전세가를 살펴보는 게 아니라 필요한 투자금이 얼마인가를 가장 먼저 알아야 한다. 위 사례에서 부동산을 매입하기 위해 필요한 실질투자금은 '매매가에서 전세가를 뺀 값'이다. 그러므로 A부동산은 투자금이 1천만 원 필요하고, B부동산의 경우에는 2천만 원이 필요하다. A부동산을 매입하는 데 필요한 투자금이 B부동산의 투자금의 절반에 불과하다. 이 말은 2천만 원의 투자금을 가지고 B

부동산에 투자하면 1채밖에 투자하지 못하지만, A부동산에 투자하면 2채에 투자할 수 있다는 것이다.

게다가 A부동산의 경우 전세가가 1천만 원만 오르면 투자한 돈을 회수하는 것이 가능한데 B부동산의 경우 2천만 원이 올라야 투자금이 회수된다. 또한 투자금이 적게 들어갔기 때문에 수익률도 극대화된다.

A부동산과 B부동산 모두 1천만 원씩 매매가와 전세가가 상승했다고 해보자. 투자금이 1천만 원 투입된 A부동산의 투자수익률은 100%가 되고, 투자금이 2천만 원 투입된 B부동산은 투자수익률이 50%에 그친다. A부동산에 투자하면 자본이 빨리 회수되는 것은 물론이고 투자수익률도 더 높다.

차익형 부동산 투자에서 중요한 2가지 :
투자금과 시간

지금까지 살펴봤듯이 차익형 부동산에서 중요한 것은 투자금과 시간이다. 이는 꼭 갭 투자가 아니더라도 재건축과 재개발, 일반 아파트 투자에도 적용된다. 재건축과 재개발이 투자수익이 아무리 높다고 한들 기간이 10년, 20년이나 걸리면 아무 소용 없다. 시간이 오래 걸릴수록 수익률이 감소하기 때문이다. 우리에게 익숙한 아파트를 샀다가 파는 것도 마찬가지다. 10년 동안 2배가 오른 아파트와 5년 동안 2배가 오른 아파트는 수익률에서 차이가 많이 날 수밖에 없다. 따라서 차익형 부동산을 투자할 때는 투자금이 적게 들어가는 것과 시간이 짧게 걸리는 것을 선택해야 한다.

그렇다면 투자금이 적게 들어가고 시간이 짧게 걸리는 부동산을 어떻게 해야 잘 고를 수 있을까? 투자금이 적게 들어가는 부동산을 찾기는 어렵지 않다. 매매가에서 보증금과 대출금을 빼면 쉽게 구할 수 있다. 문제는 시간이 덜 걸리는 부동산을 찾는 것이다. 사실 이 부분을 찾아내는 것이 부동산 투자의 핵심이기도 하다. 시간이 짧게 걸리는 곳을 찾는 것은 전문가들마다 자기만의 방법이 있지만, 공통적으로 살피는 것은 수요, 공급, 전세가율이다.

먼저 수요에서는 수요의 증가 요인을 살펴본다. 수요의 증가 요인으로는 직장, 학군, 편의시설, 지하철 개통, 인접 지역으로부터의 이주 수요 등이 있다. 자기가 투자한 지역에 기업체가 들어오거나, 학군이 좋아지거나, 편의시설이 생기거나, 지하철이 개통되면 자연스럽게 인구가 증가하면서 주택에 대한 수요가 늘어난다. 또한 투자한 지역에는 큰 변화가 없더라도 인접 지역에서 재개발이나 재건축이 진행되면 이주수요가 생기면서 수요가 증가한다.

공급의 증가는 아파트를 비롯한 주택을 새로 짓는 것이다. 공급의 증가는 매매가와 전세가에 악영향을 주기 때문에 더 이상 아파트와 주택을 지을 수 없는 지역에 투자하는 것이 좋다.

마지막으로 전세가율은 매매가 대비 전세가가 차지하는 비율을 의미한다. 매매가의 경우 투자수요에 의해서 가격의 변화 폭이 크지만, 전세가의 경우는 실거주자들의 수요를 나타내는 금액이기 때문에 안정적인 흐름을 보인다. 따라서 매매가 대비 전세가 비율이 높다는 것은 그만큼 실거주자들에게 인기가 좋다는 뜻이며, 전세가가 지속적으로 높아질 경우 매매가를 밀어 올리면서 가격 상승을 일으킬 수 있다.

여기서는 수요, 공급, 전세가율 3가지만을 이야기했지만, 투자자에 따라서는 도시의 평균소득이라든지, PIR이라든지, 미분양 추이 등 다양한 데이터를 참고해 판단을 내리기도 한다. 결국 차익형 부동산 투자에 있어서는 수요와 공급의 함수를 잘 풀어서 투자금을 최소화하고 시간이 얼마나 덜 걸리느냐에 따라 투자의 성패가 달라진다고 생각하면 된다.

PIR 지수

PIR은 Price to Income Ratio의 약자로, 가구소득 대비 주택가격의 비율을 말하며 산출식은 다음과 같다.

PIR = 주택가격/가구소득

위의 식에서 알 수 있듯이 PIR은 주택가격을 가구소득으로 나눈 값인데, 이 수치가 중요한 이유는 주택을 구입하는 데 걸리는 시간을 알려주기 때문이다. 예를 들어 PIR이 10이라면 10년 동안의 소득을 한 푼도 쓰지 않고 모아야 집 한 채를 살 수 있다는 의미다. 따라서 PIR 값이 낮으면 집값이 상대적으로 저렴하다고 생각할 수 있으며, PIR 값이 너무 높으면 집값에 거품이 끼어 있지 않은지 의심해봐야 한다. 우리나라의 PIR은 다음과 같다.

			전국				
			가구 연소득				
			1분위	2분위	3분위	4분위	5분위
2017.03	평균 주택 가격	1분위	7.1	3.5	2.5	1.8	1.1
		2분위	11.9	5.9	4.1	3.1	1.8
		3분위	16.1	7.9	5.6	4.2	2.4
		4분위	21.8	10.7	7.6	5.6	3.3
		5분위	35.9	17.7	12.5	9.3	5.4
2017.02	평균 주택 가격	1분위	7.1	3.5	2.5	1.8	1.1
		2분위	11.9	5.9	4.1	3.1	1.8
		3분위	16.1	7.9	5.6	4.2	2.4
		4분위	21.7	10.7	7.5	5.6	3.3
		5분위	35.8	17.6	12.4	9.3	5.4
2017.01	평균 주택 가격	1분위	7.1	3.5	2.5	1.8	1.1
		2분위	11.9	5.9	4.1	3.1	1.8
		3분위	16.1	7.9	5.6	4.2	2.4
		4분위	21.6	10.7	7.5	5.6	3.3
		5분위	35.5	17.5	12.3	9.2	5.3

			서울				
			가구 연소득				
			1분위	2분위	3분위	4분위	5분위
2017. 03	평균 주택 가격	1분위	15.2	7.7	5.4	4	2.3
		2분위	22.9	11.6	8.2	6	3.5
		3분위	29.5	14.9	10.5	7.8	4.5
		4분위	39.9	20.2	14.2	10.5	6
		5분위	69.4	35.1	24.8	18.4	10.5
2017. 02	평균 주택 가격	1분위	15.2	7.7	5.4	4	2.3
		2분위	22.9	11.6	8.2	6	3.5
		3분위	29.5	14.9	10.5	7.8	4.5
		4분위	39.9	20.2	14.2	10.5	6
		5분위	69.4	35.1	24.8	18.3	10.5
2017. 01	평균 주택 가격	1분위	15.2	7.7	5.4	4	2.3
		2분위	22.7	11.5	8.1	6	3.4
		3분위	29.4	14.9	10.5	7.8	4.4
		4분위	39.8	20.2	14.2	10.5	6
		5분위	69.3	35.1	24.8	18.3	10.5

* 가구소득은 통계청 가계동향 조사의 분위별 평균 소득이며, 월평균 소득을 연소득으로 환산함.

* 전국 지표의 가구소득은 전국(2인 이상), 전 가구 기준이며 주택가격은 전국 기준임.

* 서울 지표의 가구소득은 도시 지역(2인 이상), 전 가구 기준이며 주택가격은 서울 기준임.

자료 : HOUSTA 주택정보포털

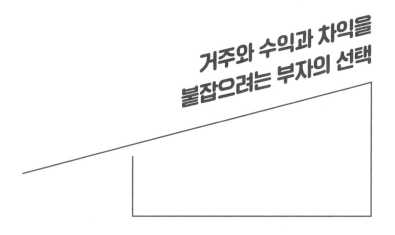

거주와 수익과 차익을
불잡으려는 부자의 선택

부동산 상담을 하는 사람들이 가장 많이 하는 질문은 무엇일까? "거주하는 동안에 가격이 많이 오를 아파트가 어디일까요?" 같은 질문이다. 아파트를 사려고 하는데 그 아파트에 머무르는 동안 아파트 값이 올라가서 다시 팔려고 할 때 큰 수익을 얻고 싶은 것이다.

사실 이는 투자를 처음 하는 사람들이 주로 하는 질문이다. 투자를 조금 한다는 사람들은 투자용 부동산과 거주용 부동산이 다르다는 사실을 안다. 투자와 거주를 구분해야 자신이 원하는 목적을 달성할 수 있다.

투자용 부동산과 거주용 부동산을
구분해야 하는 이유

투자용 부동산과 거주용 부동산은 좋고 나쁨을 판단하는 기준 자체가
서로 다르다. 길이를 측정하는 자를 가지고 무게를 측정할 수 없듯이
투자용 부동산과 거주용 부동산은 서로 다른 속성을 가지고 있다. 투
자용 부동산과 거주용 부동산은 각각 어떤 요소가 가장 중요한지 알
아보자.

먼저 투자용 부동산은 수익성이 가장 중요하다. 현재보다는 미래
에 자신에게 얼마나 수익을 가져다줄 수 있는가를 생각해서 투자해야
한다. 반면에 거주용 부동산은 주거 쾌적성이 가장 중요하다. 오지 않
을 미래보다는 거주하면서 보내는 현재가 더 중요한 건 당연한 이치
다. 그래서 이 부동산이 우리 가족의 삶을 얼마나 윤택하게 만들어주
는가를 고민해서 결정해야 한다.

투자용 부동산과 거주용 부동산을 분리해서 찾는다면 어떤 차이가
발생할까? 먼저 투자용 부동산을 찾고 있다고 가정해보자. 투자용 부
동산에서 가장 먼저 생각해야 하는 수익성이 좋으려면 내가 살 때는
가격이 싸고 팔 때는 비싸야 하는데, 여기에 속하는 대표적인 것이 재
건축·재개발 건물이다. 현재의 낙후된 상황이 미래에 화려해질 가능
성을 품고 있기 때문이다. 실제로 많은 사람들이 재건축·재개발에 투
자하고 있다.

반면 거주용 부동산을 찾는다면 우선 주거 쾌적성을 고려해야 한

다. 미래가 아무리 밝아도 주차하기 불편하고 수도꼭지를 틀면 녹물이 줄줄 나온다면 나의 삶은 행복하기 어렵다. 그래서 거주용 부동산의 경우는 매매차익이나 월세수익보다는 직장과의 거리, 학군, 대중교통, 대형마트 같은 편의시설, 공원 등이 더 중요하다. 물론 이런 요소들은 이미 가격에 다 반영되어 있기 때문에 가격이 더 크게 오를 여지는 많지 않다.

많은 사람들이 거주와 투자를 동시에 잡으려고 한다. 살기 좋으면서 많이 오를 아파트를 찾는 것이다. 굉장히 합리적으로 보이지만, 결국 거주와 투자 두 마리의 토끼를 다 놓치게 될 가능성이 높다. 거주를 고려하기 시작하면 낡은 아파트는 가급적 피하게 된다. 주차 문제나 커뮤니티 시설, 집의 구조 등이 불편하기 때문이다. 그러면 연식이 오래된 아파트들 중에서 투자가치가 있는 아파트를 찾게 되는데 이런 아파트들은 이미 가격에 다 반영되어 가격도 크게 오르지 않고, 주거 쾌적성도 크게 불편하지 않은 수준에 머무르는 경우가 많다. 현재가치와 미래가치의 차이가 크면 클수록 수익이 커진다는 점을 떠올리면 거주와 투자는 함께 가기가 쉽지 않다.

거주와 투자를 한 번에 해결할 수 있는
다가구주택

아버지와 나는 다가구주택에서 거주와 투자를 동시에 잡을 수 있는 가능성을 발견했다. 대중교통이 편리하고 편의시설이 잘 갖춰진 곳에 나에게 맞는 집을 짓는다면 주거 쾌적성을 확보할 수 있다. 게다가 다달이 월세를 받으며, 지가 상승에 따른 차익까지 누릴 수 있는 부동산은 다가구주택이 유일했다.

실제로 투자한 다가구주택 중에서 매매가가 떨어진 경우는 칠곡군 석적읍 중리에 투자한 다가구주택이 유일했고, 이마저도 그동안 받은 월세를 생각하면 어느 정도 수익이 있는 투자였다. 나머지 다가구주택들은 월세수익은 물론 매매가의 차익까지 모두 누릴 수 있었다. 우리 가족이 거주하면서 말이다.

많은 전문가들이 거주와 투자를 분리하라는 이유는 거주하기 좋은 곳은 이미 모두 개발되어서 더 이상 가격이 상승할 여지가 적고, 투자하기 좋은 곳은 낙후되어서 주거 쾌적성이 낮기 때문이다. 하지만 다가구주택은 이 둘을 모두 보완할 수 있다. 개발호재가 있는 지역에 다가구주택을 보유한다면, 개발로 인한 시세차익과 월세수익뿐만 아니라 주거 쾌적성도 확보할 수 있다. 주택이 너무 낡았다면 집을 새롭게 지으면 되기 때문이다.

투자에는 정답이 없다. 모두가 안 된다는 곳에 오히려 정답이 있고, 모두가 정답이라는 곳이 더 이상 정답이 아닌 경우도 많다. 그런 측면에서 차익형 부동산은 재개발·재건축 투자, 수익형 부동산은 오피스텔이나 상가 투자라는 공식 아닌 공식은 사람들의 관심을 그쪽으로만 집중시켰고, 그 결과 다가구주택에 관심을 갖는 사람은 상대적으로 많지 않았다. 아버지와 나는 그런 다가구주택에 집중적으로 투자해 거주 문제를 해결하는 동시에 월세수익과 매매차익을 모두 누리는 1석 3조의 투자를 할 수 있었다. 사람들이 말하는 정답만 따라갈 것이 아니라 자기에게 맞는 투자처를 연구한다면 어디든 길이 될 수 있다.

칠곡군 석적읍 다가구주택 투자는 우리 가족에게 많은 것을 일깨워주었다. 가짜 수익률에 속아 투자에 실패했던 일을 계기로 본격적으로 부동산 공부를 시작했다. 시장보다 훨씬 높은 수익률은 일단 철저하게 의심해야 한다. 그리고 모든 조건을 꼼꼼히 따져봐야 한다. 장밋빛 청사진만 보고 부동산에 투자하는 것은 몇 개 되지 않는 총알을 아무 곳에나 막 쏘는 것과 같다.

5장

부자의 파란만장 부동산 투자기

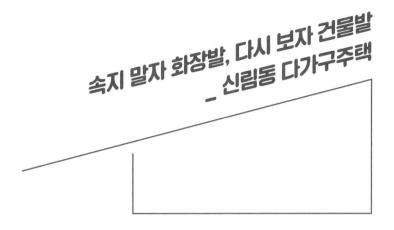

속지 말자 화장발, 다시 보자 건물발
_ 신림동 다가구주택

'속지 말자 화장발, 다시 보자 조명발'이라는 말이 있다. 소개팅에 나온 상대가 실제 모습과 사진 속의 모습이 너무 다를 때 쓰는 말이다. 누군가에게 잘 보이려고 노력하다 보면 이런 경우가 종종 생기곤 한다. 타인에게 잘 보이고자 하는 노력은 소개팅에서만 일어나는 것은 아니다. 붉은 조명을 비춰 고기를 더욱 신선해 보이게 하는 정육점, 밝은 조명을 두고 화사해 보이게 만들어 구매 욕구를 일으키는 백화점, 따뜻한 주황색 조명을 사용해 안락한 느낌을 주는 카페 등 사람들에게 잘 보이려는 노력은 우리 주변에서 쉽게 찾아볼 수 있다. 그래야 같은 것이어도 더 높은 가격을 받을 수 있다.

속지 말자 화장발?
부동산에도 화장발이 있다

부동산도 마찬가지다. 조금이라도 더 높은 가격을 받기 위해 모델하우스에 조명을 밝게 설치하고, 침대의 크기를 줄여 방을 넓어 보이게 하며, 여러 가지 인테리어 소품을 가져다놓는 등 합법과 불법의 경계에서 사람들의 눈을 현혹시키려는 노력은 계속되고 있다.

아버지는 첫 번째 집을 다가구주택으로 선택했다. 잠실에 있는 아파트와 신림동에 위치한 다가구주택을 고민하다 어머니의 선택으로 신림동의 다가구주택을 선택한 것이었다. 처음 부동산을 사는 거라서 무엇을 봐야 할지 몰랐던 부모님은 지은 지 얼마 안 된 신축 주택을 골랐다. 어머니는 헌집에 사는 데 불편을 느끼셨기 때문에 새로 산 집은 대단히 만족스러웠다. 하지만 20년이 지난 지금 그 선택은 투자의 관점에서는 그렇게 바람직한 선택이 아니었다. 부동산으로서 가치가 좋지 않았기 때문이다.

신림동 다가구주택,
무엇이 잘못되었나

부모님이 선택한 신림동 다가구주택은 '남향의 자루형 토지' 위에 지어진 신축 주택이었다. 이 부동산을 가치의 요소로 나누어보면, 남향,

자루형 토지, 신축 주택이라는 3가지를 선택한 것이다. 하나하나 투자의 관점에서 따져보도록 하자.

먼저 남향에 대해 살펴보겠다. 대부분의 사람들은 남향을 좋아한다. 햇볕이 잘 들기 때문이다. 부모님도 이런 이유로 남향집을 선호했고 그래서 이 집을 선택했다. 햇볕이 잘 내리쬐는 남향이 살기 좋다는 데는 이견이 없다. 그런데 땅의 가치는 남향이 아니라 북향이 더 높다. 일조권을 이유로 남향 땅들은 건축물 높이에 제한을 받기 때문이다. 북향이면 건물을 더 높게, 더 넓게 지을 수 있는데 남향이라서 건물을 최대로 짓지 못하는 경우가 생긴다. 그래서 부동산에 투자할 때는 남향보다는 북향을 선택해야 한다. 살기 좋은 것과 투자하기 좋은 것은 다르다.

자루형 토지에 대해서는 앞에서 한 번 다루었다. 주머니 모양처럼 입구가 좁고 안이 넓은 땅을 자루형 토지라고 하는데, 땅 모양이 바르지 않아 건축을 할 때 많은 지장을 받는다. 물론 부동산을 잘 알지 못하는 사람들도 본능적으로 자루형 토지가 반듯한 토지보다 못하다는 것은 알 수 있다. 당연히 자루형 토지는 일반 토지에 비해 가격이 저렴하다. 부모님도 이 다가구주택을 구입했을 때 다른 주택보다 조금 싸게 구입했다.

결론을 먼저 이야기하면 싼 게 비지떡이다. 돈을 조금 더 주더라도 반듯하고 네모난 땅을 구입하는 것이 옳다. 2014년 우리 가족은 오래된 이 주택을 팔려고 내놓았다. 인근 시세보다 조금 싸게 내놓았지만 자루형 토지라서 잘 팔리지 않았다. 그래서 우리 가족은 집을 새로 짓

| 좌 : 서울 신림동 다가구주택(신축 전) | 우 : 서울 신림동 다가구주택(신축 후) |

기로 했고, 설계를 내보니 자루형 토지가 아니었으면 10평을 더 지을 수 있다는 사실을 알게 되었다. 자루형 토지였기 때문에 토지 사용에 제한을 받은 것이다.

　마지막으로 신축 주택에 대해 알아보자. 신축 주택이라는 요소는 문제점이 없어 보인다. 그럼에도 불구하고 이렇게 따로 설명하는 이유는 이 건물이 투자자에게 화장발 역할을 했기 때문이다. 사람들은 부동산을 거래할 때 건물을 보고 거래한다. 건물이 어떻게 생겼는지, 몇 년이나 된 건물인지, 무슨 재료를 써서 지었는지 등을 따진다. 물론 이러한 것을 잘 살펴보는 것은 중요하지만 그보다 더 중요한 것은 땅이다.

　앞서도 부동산의 본질은 땅이라고 이야기한 바 있다. 아파트든 빌라든 주택이든 상가든 제일 먼저 땅을 살펴봐야 한다. 그런데 우리는 종종 이 중요한 사실을 잊고 만다. 건물이 먼저 보이기 때문이다. 건물이 웅장하고 화려하면 마음을 뺏기기 마련이다. 여러 부동산을 살펴보다 보면 어느새 건물을 두고 고민하는 자신의 모습을 발견할 수 있을 것이다. 화장발에 속아 넘어가는 것이다. 사람을 만날 때는 그 사람의 내면을 봐야 하고, 물건을 살 때는 포장이 아닌 내용물을 봐야 하듯이 부동산을 살 때는 땅을 살피고 건물은 그다음에 봐야 한다. 땅만 가치가 있다면 건물은 다시 올릴 수 있다. 건물의 모습을 보고 부동산의 가치를 판단하는 실수는 하지 말자. 건물은 언젠가 낡아 허물어지지만 땅은 영원한 법이다.

부모님도 그 주택이 자루형 토지라는 사실은 알았지만 가격이 저렴하고, 신축이라서 그 다가구주택을 선택했다. 토지가 아닌 건물을 보고 투자한 것이다. 물론 그 당시에 반듯한 땅보다 저렴하게 구입하기는 했지만, 30년이 지난 지금 반듯한 땅과 자루형 땅의 가격은 더 많이 벌어졌다. 값을 싸게 내놓아도 자루형 토지라는 이유로 거래도 잘 되지 않는다. 투자는 누가 본질을 꿰뚫어보는가에 승패가 달려 있다. 화장발에 속지 말자. 순간의 선택이 평생을 좌우한다.

그렇다면 좋은 땅은 어떤 땅일까? 땅을 이용하는 데 아무런 제약이 없는 땅이 좋다. 모양이 불규칙하면 건축을 할 때 그만큼 버리는 부분이 많아진다. 일반적으로 가장 좋은 땅은 정사각형 모양의 정방형이고, 그다음은 도로에 접하는 면이 많은 가로장방형, 도로면에 접한 부분은 적지만 직사각형 모양을 하고 있는 세로장방형이 좋다. 삼각형, 부정형, 자루형 모양의 땅은 땅을 활용할 수 있는 부분이 줄어들기 때문에 정방형이나 장방형 토지에 비해 가치가 떨어진다.

모양	내용
정방형	가로와 세로의 길이 비율이 1:1인 토지
가로장방형	넓은 면이 도로에 접한 토지
세로장방형	좁은 면이 도로에 접한 토지
사다리형	사다리꼴 모양의 토지
삼각형	삼각형 모양에 한 면이 도로에 접한 토지
역삼각형	삼각형 모양에 꼭지점 부분이 도로에 접한 토지
부정형	불규칙한 형상으로 다각형 모양의 토지
자루형	출입구가 자루처럼 좁은 토지

　땅의 활용에는 땅의 모양 말고도 방향의 영향도 받는데, 일조권의 제약에서 자유로운 북향이 가장 가치가 있다. 따라서 북향 정방형이나 북향 장방형 토지에 투자하는 것이 좋고 삼각형, 부정형, 자루형 토지는 가급적 투자를 피하는 것이 좋다.

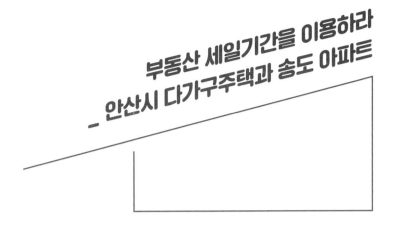

부동산 세일기간을 이용하라
_ 안산시 다가구주택과 송도 아파트

부동산을 싸게 사려면 어떻게 해야 할까? 이런 질문을 하면 대부분의 경우 경매를 해야 한다고 말한다. 부동산 경매를 하면 물건을 싸게 살 수 있다는 것이다. 반은 맞고 반은 틀린 말이다.

경매 물건을 분석하고, 경매에서 오는 다양한 위험을 감수하고, 낙찰에 실패하는 기회비용을 따져보면 생각보다 경매는 결코 싸지 않다. 낙찰가는 시세보다 저렴할지 몰라도 낙찰가를 산정하기 위해 들인 시간과 노력 같은 기회비용까지 따져보면 생각보다 큰 이득이 없는 경우가 많다. 더군다나 낙찰이 한 번에 되면 좋지만, 가격을 싸게 사려고 할수록 패찰의 가능성은 더욱 높아지는 것이 경매다. 오죽하면 경매보다 급매가 싸다는 말까지 있겠는가.

부동산을 살 때는 부동산을 싸게 파는 세일기간을 이용하는 것이 저렴하게 구입할 수 있는 방법 중 하나다. 백화점처럼 매년 정기적으로 시즌마다 세일을 하는 것은 아니지만, 불규칙한 주기를 가지고 가끔 세일을 한다. 이 세일기간을 활용하면 부동산을 저렴하게 구입할 수 있다.

위기 속에서 건져 올린
안산시 다가구주택

2001년, 아버지는 다니던 회사를 그만두고 자영업을 하며 부동산 투자를 할 곳을 찾았다. 그때 만난 물건이 안산시 단원구 와동의 다가구주택이었다. 당시 광고 내용에 따르면 대지면적 271m²(82평), 연면적 482m²(146평), 주인세대 1가구, 2룸 9가구, 지하창고로 이루어진 주택이었다. 매매가는 2억 3,700만 원, 보증금 2억 600만 원, 월세는 35만 원이었다.

아버지는 투자금 3천만 원이면 매달 35만 원씩 420만 원의 수익이 나온다는 계산을 끝내자 적극적으로 이 물건에 관심을 가졌다. 이 물건을 실제로 가서 살펴보니 반지하가 없어 임차인을 구하는 데 어려움이 없을 것 같았고, 가까운 곳에 큰 공원이 있어 살기에 좋아 보였다. 2001년 아버지는 이 물건을 2억 3,650만 원에 매입했고,

| 안산시 단원구 와동 다가구주택 |

2014년 11월 6억 3천만 원에 매매했다. 13년이 흐른 후 양도차익으로 3억 9,350만 원, 월세수익은 이자나 물가상승률을 감안하지 않고 2억 3,940만 원을 받았다. 투자금이 3천만 원 정도만 들어간 것을 고려하면 엄청난 수익을 올린 셈이다.

아버지가 이런 물건을 구입할 수 있었던 이유는 무엇일까? 우연이었을까? 아니다. 2001년 부동산 시장의 분위기 때문에 좋은 물건을 싸게 살 수 있었다. 1997년에 터진 IMF의 충격으로부터 서서히 살아나던 그 시기에 2001년은 부동산 경기가 바닥을 치고 서서히 올라오고 있었다. 언제까지 바닥을 칠지 모르고 헤매던 부동산 경기가 반등하기 시작했고, 그 시기에 아버지는 적극적으로 투자를 했기에 저렴하게 좋은 물건을 살 수 있었던 것이다.

실제로 IMF 사태 이후 부동산 시장은 대대적인 세일을 시작했고 이때 부동산을 매수한 사람들은 대부분 많은 돈을 벌 수 있었다. 여기서 하고 싶은 말은 부동산 세일기간은 누구나 다 알 수 있다는 것이다. 신문에서 부동산 폭망론을 이야기하고, 거래가 침체되고, 미분양이 늘어난다는 기사가 많이 나오면 그때가 세일기간이다. 정부가 부동산을 사라고 각종 세제혜택까지 제공하면 확실한 매수 신호다. 우리가 이런 세일기간에 부동산 쇼핑을 즐길 수 없는 것은 두려움 때문이다. 남들이 서로 팔려고 하면 부동산 가격이 내려가서 싸게 살 수 있는 것인데, 남들이 팔려고 할 때 나 혼자 그것을 사기가 쉽지 않은 것이다.

두려움 때문에 놓쳐버린
송도 미분양 아트윈푸르지오

지금부터 2013년에 놓쳐버린 부동산에 대한 이야기를 하고자 한다. 우리 가족은 경북 칠곡군 석적읍 중리에 있는 다가구주택을 팔고 다른 지역으로 이사를 가기로 결정했다. 이 시기에 아버지와 함께 여러 부동산을 보기 위해 부동산 여행을 많이 다녔는데 서울은 물론이고 송도, 청라, 대전 등 다양한 지역의 부동산을 찾아다녔다. 그중에서도 송도에서 있었던 일이다.

5년 동안 지방에서 살아보신 어머니는 주거환경이 쾌적한 지역을 원했다. 이런 어머니의 바람을 고려해 아버지와 나는 공원이 가까이에 있는 주거지를 찾고자 했고, 그 후보지 중 한 곳이 바로 송도였다. 송도는 공원이 잘 조성되어 있었고 신도시라서 주거환경이 쾌적했다. 특히 지하철과 광역버스를 통해 서울로의 접근이 나쁘지 않은 것도 마음에 들었다. 2013년 송도는 '미분양의 도시'였다. 지금은 인기가 많은 송도의 아파트들이 그 당시에는 동호수를 직접 지정해서 계약할 수 있을 정도로 미분양 물건이 엄청나게 많았다. 송도 지역의 모델하우스를 몇 군데 돌아다니면서 괜찮은 아파트가 있는지 살펴보았다.

4개 정도의 모델하우스에서 아파트를 살펴보았을까? 부모님은 송도 아트윈푸르지오를 가장 마음에 들어 했고, 미분양이었던 아트윈푸르지오는 중도금 무이자로 동호수를 지정해 그날 바로 계약할 수 있었다. 지하철과 바로 연결되는 아파트라는 것, 층수가 높아 조망권을 확보할 수 있다는 것, 센트럴파크와 가깝다는 것 등을 이유로 부모님은 당장 계약을 하려고 했다.

반면에 나는 아트윈푸르지오 앞에 포스코 사옥(현 부영)이 있어 센트럴파크로의 조망이 가려지고, 주상복합아파트라 불편함이 많을 것이라는 점, 지금도 미분양이 이렇게 많은데 앞으로 송도에 아파트가 들어설 땅이 많이 남아 있다는 점을 내세워 계약을 반대했다. 그렇게 나의 반대로 우리 가족은 더 생각해볼 시간을 갖기로 하고 투자를 보류했다. 그 후 우리 가족은 서울로 이사를 결정했고 송도는 그렇게 우리와 연을 맺지 못했다.

당시 나는 여러 가지 이유를 근거로 들며 송도의 미분양 아파트를

	공급	신청
안양 수리산파크원	17	0
송도 아트윈푸르지오	604	237
송도 더샵 그린워크2	643	199
광교 푸르지오 월드마크	349	178

자료 : 서울경제신문

계약하는 것을 반대했다. 그때 나의 판단은 과연 옳았을까? 2018년 이 된 지금에 와서 돌이켜보면, 나의 그 판단은 보기 좋게 빗나갔다. 그 당시 아파트를 계약했다면 매매가를 전세가로 모두 회수할 수 있 었을 것이다. 즉 당시의 분양가가 지금은 전세가가 되었다는 말이다. 그때 계약을 했더라면 입주시기와 동시에 투자금을 거의 회수하고 새로운 투자를 할 수 있었을 것이다. 그러나 나는 투자하지 못했다. 두려웠기 때문이다. 너도 나도 송도 아파트를 쳐다보지 않아 미분양 이 넘치던 그 시기에 투자를 했더라면 싼 값에 아파트를 살 수 있었을 텐데 말이다.

　안산시 단원구 와동 다가구주택과 송도 아파트의 사례를 보면 우 리가 언제 부동산을 사야 하는지 알 수 있다. 언론에서 앞으로 부동 산 가격이 더 오른다는 기사가 나올 때가 아니라 인구 감소, 지방 소 멸, 미분양 증가 등 부동산에 부정적인 기사들이 쏟아져 나올 때가 바 로 우리가 투자를 해야 할 시점이다. 분위기에 휩쓸려 너무 두려워하지 말자. 용기란 두려움이 없는 것이 아니라 두려움을 이겨내는 것이라는 말도 있지 않은가. 용기를 내는 자만이 높은 투자수익을 얻을 수 있는 법이다.

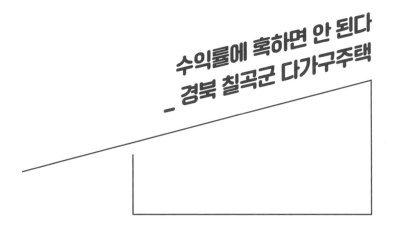

수익률에 혹하면 안 된다
_ 경북 칠곡군 다가구주택

부동산에 투자를 한다면 당신은 연 몇 %의 수익률이면 만족하겠는 가? 강남 지역에 연 5% 수익률을 가져다주는 부동산이 있다면 투자 하겠는가? 연 5%가 조금 낮게 느껴진다면 비록 지방이긴 하지만 연 30%대 수익률을 가진 부동산은 어떤가? 연 30% 수익률이라는 것은 1억 원을 투자하면 1년에 임대수익이 3천만 원이라는 말이다. 3년 정 도면 투자금을 모두 회수할 수 있는 엄청난 수익률이다. 그렇다면 투 자하겠는가?

수익률 38.6%의 치명적인 유혹
칠곡군 석적읍 다가구주택

2007년 11월, 아버지는 어머니와 함께 구미에 부동산을 보러 내려갔다. 벼룩시장에 나온 수익률 38.6%짜리 다가구주택을 보러 가기 위해서 말이다. 아버지는 그 당시 광고를 보고 '신이 내게 주신 기회'라고 생각했다고 회고했고, 돌아보면 많은 것을 배울 수 있었던 투자였다. 당시 광고에 나온 물건에 대한 소개는 다음과 같았다.

매매가 7억 8천만 원, 대지면적 475m²(144평), 연면적 660m²(200평).

원룸, 투룸, 쓰리룸으로 구성된 총 19가구.

2007년 신축, 투자금 1억 8천만 원, 월수익 580만 원.

1억 8천만 원만 투자하면 1년에 6,960만 원의 임대수익이 발생하는 다가구주택이었다. 이것저것 관리비를 제외한다고 해도 25% 이상의 수익률을 충분히 기대할 수 있다는 계산이 나왔다. 아버지는 들뜬 마음으로 그 기회를 잡기 위해 구미행 고속버스에 올라탔다. 아버지가 구미고속버스터미널에서 내리자 잘 차려입은 2명의 중개사가 마중을 나와 있었고, 그들의 차를 타고 구미공단을 한 바퀴 돌아서 중개사무소로 향했다.

구미공단의 발전 가능성과 기대되는 임대수요 등을 브리핑 받으면서 투자 물건을 살펴보았다. 그중 아버지는 서울에서 광고를 보고 간

대지면적 475m²(144평), 연면적 660m²(200평)의 두 면이 대리석으로 깔끔하게 마감 처리된 다가구주택에 마음을 빼앗겼다. 계약금은 서울로 올라가서 입금하기로 하고 그 자리에서 계약서를 작성했다. 그렇게 등기까지 마치고 19가구에서 매달 월세가 입금되기 시작했다. 우리 가족은 그렇게 금방이라도 부자가 될 것 같았다.

그런데 6개월쯤 지나자 계약 만기가 된 임차인들이 하나둘 계약을 해지하기 시작했다. 나가겠다는 임차인들에게 하나둘 보증금을 돌려주고 새로 임차인을 구하려고 하는데 임차인을 구하기가 생각보다 어려웠다. 구미공단이 어려워져서 임차인을 구하기가 힘들다는 것이 주택관리업체의 설명이었다. 처음에는 그냥 그런가 보다 했는데 계약 만기가 하나둘 되다 보니 어느덧 공실률이 40%에 육박하게 되었다.

19가구 중 9가구가 공실이 된 것이다. 사태의 심각성을 인지한 아버지는 직접 칠곡으로 내려가 건물을 관리하기로 결심하시고 우리 가족은 이사를 결정했다.

과욕이 부른 참사,
서울에서 칠곡으로 이사 가다

칠곡에 내려가서 알게 된 상황은 서울에서 생각하던 것보다 훨씬 심각했다. 땅이라는 땅에는 모두 다가구주택을 지어 공급과잉 상태였고 구미공단도 투자가 이루어지지 않아 임대수요가 많이 늘어나지 않는 상황이었다. 이런 상황 속에서 중개업자들은 법정 최고 중개수수료의 2배를 요구하며 수수료를 많이 주는 집만 중개하고 있었다. 심지어 집을 팔기 위해 허위로 임대차 계약서를 작성해 수익률을 부풀리고 있는 것도 그 일대에서는 이미 다 알려져 있는 사실이었다. 타지에 살고 있는 투자자들만 모르고 있을 뿐이다.

그제서야 임대수익률이 조작된 것이라는 것을 알게 된 아버지는 서울, 충청, 대구, 부산, 전라 등 전국 각지의 건물주들에게 연락해서 '중리 원룸 조합'을 결성했다. 석적읍 중리에 투자를 한 100여 명의 건물주들이 모여 아버지를 회장으로 선출했고, 아버지는 중리의 상황을 잘 모르는 타지 투자자들을 위해 소식지를 만들고 민원사항들을 접수해 관청에 협조를 구하는 역할을 했다. 이 조합을 통해 타지에 있는 투자자들은 중개업자에게 휘둘리지 않고 조합을 통해 지역 사정을 정확히 판단할 수 있었고, 서로 정보를 공유함으로써 자신의 문제를 해결하는 데 도움을 주고받기도 했다.

조합을 통해서 건물주들이 더 이상 중개업자들에게 휘둘리지 않게 되자 중개사무소들이 조합 회장인 아버지를 괴롭히기 시작했다. 우리 집 방들을 중개하지 않기로 중개사무소들끼리 담합을 한 것이다. 또 주택을 처분하려고 매매를 의뢰하자 "그 집 팔아주나 보자."라며 협박을 하기도 했다.

그런 상황 속에서 아버지는 우연히 LH에서 다가구주택을 매입한다는 공고를 보았고, LH공사에 매입 신청을 해 감정평가를 받았다. 중개사무소들이 우리 집의 임대와 매매를 모두 꺼리는 상황에서 LH 다가구주택 매입사업은 우리가 집을 매매할 수 있는 유일한 통로였고, 오로지 문제는 얼마에 매입을 해주느냐였다. LH공사에서 파견한 감정평가사 2명이 매긴 우리 집의 감정가는 7억 2,538만 5천 원이었다. 7억 4천만 원에 구입한 다가구주택을 7억 2,500만 원에 팔라는 것이었다. 부동산을 손해 보고 판다는 것이 익숙하지 않았던 아버지는 매입 신청을 포기하는 쪽으로 가닥을 잡았다. 아버지 입장에서는 부동산은 가격이 떨어지지 않는다고 굳게 믿고 있었는데 손해를 보고 매입하라는 LH공사의 판단은 가당치도 않았다.

그렇게 매입 신청 마감 하루 전날이 왔다. 혹시나 하는 마음에 나는 네이버 부동산에 매물들의 시세를 찾아보았다. 네이버에 올라온 매물들은 여전히 높은 수익률을 내세우며 높은 매매가를 부르고 있었다.

LH공사가 공기업이라서 싸게 매입하는 것이라고 확신했다. 그러다 문득 실거래가도 한 번 찾아봐야겠다는 생각이 들었다. 다가구주택은 원래 위치나 특성이 모두 달라 아파트와 달리 실거래가를 통해서 시세를 파악하기가 쉽지 않다. 나는 일대 부동산 주소를 일일이 대조해가면서 최근 거래되는 시세를 파악했고 실제 거래되는 시세가 5억 원대라는 것을 알게 되었다. 우리는 그날로 모든 서류를 준비해서 LH공사에 매입 신청을 했다. 그렇게 칠곡군 석적읍 다가구주택과의 인연도 끝나게 되었다.

수익률이 높을수록
더 의심해봐야 한다

칠곡군 석적읍 다가구주택 투자는 우리 가족에게 많은 것을 일깨워주었다. 가짜 수익률에 속아 투자를 결정했고, 이 일이 계기가 되어 본격적으로 부동산을 공부하기 시작했다. 이 투자 사례를 통해서 이야기하고 싶은 것은 바로 너무 높은 수익률은 의심하라는 것이다. 시장보다 훨씬 높은 수익률은 일단 철저하게 의

| 2018년에 실린 경북 칠곡군 다가구주택 광고 |

심해야 한다. 정말 그렇게 높은 수익률이 나온다고 할지라도 그런 물건이 나에게 온다는 것은 정말 드문 일이다. 아버지도 그 주택을 봤을 때 기회가 자기에게 온 것이라고 생각했다. 업자들이 제시한 수익률을 그대로 믿었기 때문이다. 지나치게 높은 수익률은 소중한 우리의 돈을 노리는 미끼일 수 있다. 수익률이 높을수록 더욱 철저하게 의심하고 확인하자. 행운은 거저 오지 않는다.

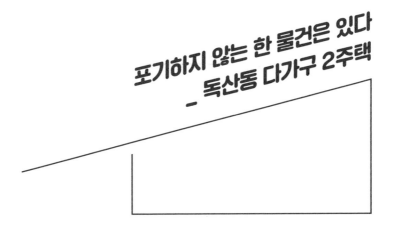

포기하지 않는 한 물건은 있다
_ 독산동 다가구 2주택

2016년의 부동산 시장은 뜨거웠다. 재건축 아파트를 중심으로 부동산 가격이 계속 상승하기 시작해서 언론에서는 연일 가계부채가 우려된다는 기사를 쏟아냈다. 강남을 중심으로 한 번 오르기 시작한 아파트 값은 강북으로까지 이어졌고 온 국민이 부동산 투자에 열을 올리고 있는 것 같았다. 한 언론사에서 주최하는 부동산 투자 박람회에는 사람들이 발 디딜 틈 없이 몰려들었고, 경매 물건은 점점 씨가 마르고 있었다. 아버지와 나는 중개사무소를 돌아다니며 괜찮은 입지에 저렴하게 나온 물건을 찾아다녔지만 그런 물건은 찾기 어려웠다.

투자금 4억 원으로
어떻게 투자해야 할까

우리는 주택을 하나 신축하고 채권을 포함해 4억 원 정도의 현금을 가지고 있었고 이 돈을 어떻게 활용해야 할지 고민이 많았다. 4억 원은 큰돈이기는 하지만 막상 부동산에 투자하려고 하면 그 돈을 가지고는 살 만한 물건이 없었다. 전세를 껴야 빌라나 아파트에 투자할 수 있는 정도였다.

아버지는 아파트에 투자해 시세차익을 누리는 차익형 부동산보다는 매달 현금이 들어오면서 시세차익도 기대해볼 수 있는 다가구주택 투자를 선호했다. 그런데 서울 땅값이 턱없이 올라 4억 원 가지고는 어림도 없었다. 어느 한 중개사무소에서는 자본금이 4억 원 정도 있다고 하자 "10억 원은 가지고 있어야 그래도 괜찮은 물건에 투자해볼 만하다."라고 말했다. 불과 1년 전만 해도 평당 1,200만 원 하던 땅값이 1,500만 원 선까지 올랐으니 괜찮은 물건을 찾기에는 자본금이 턱없이 부족했다.

아버지와 나는 희망의 끈을 놓지 않고 계속 물건들을 찾아다녔다. 나는 인터넷을 통해 일반 매물과 경매 물건을 수시로 찾아보았고, 아버지는 지나가다가 중개사무소가 있으면 들어가 괜찮은 물건이 있는지 물어보았다. 그러던 어느 날 아버지가 과거에 한 번 들른 적이 있는 중개사무소에 다시 방문했다. 방문한 지 오래되어서 중개사는 아버지를 기억하지 못했고, 아버지는 좋은 물건이 나오면 연락해달라고 이름과 전화번호를 남기고 나왔다. 그렇게 며칠이 지났을까. 그 중개사무소에서 괜찮은 물건이 나왔다며 연락이 왔다. 직접 가서 살펴보니 대지면적 419m²(127평)에 주택 2채가 나란히 붙어 있는 물건이었다. 건물은 각 3층에 가구수는 2채를 합쳐 무려 27가구나 되었다. 매매가는 14억 원이었다. 평당 땅값을 따져보니 1,100만 원 수준으로 당시 1,500만 원 정도 하던 시세보다 저렴한 물건이었다.

궁하면 시세보다 저렴한
물건이 보인다

우리가 가진 현금은 4억 원. 보증금을 감안해도 14억 원을 채우기에는 턱없이 부족한 액수였다. 부족한 금액을 다 채우기 위해 은행이란 은행에는 다 들어가 대출 상담을 받고 사업자 대출을 통해 9억 원이라는 돈을 마련했다. 여기에 친인척에게 1억 원을 빌려 겨우 매매대금을 맞출 수 있었다. 그렇게 다가구주택 1채를 구입하기도 버거웠던 우리는 다가구주택 2채를 동시에 매입하게 되었고 계약을 한 지 얼마 되지 않아 건축업자로부터 2억 원을 줄 테니 계약자 명의를 자신에게 바꿔달라는 제안까지 받았다. 물론 우리는 건축업자의 제안을 거절했다. 지금은 매매가는 물론이고 임대료도 올라 이자를 제외하고도 20%가 넘는 임대수익률을 기록하고 있다.

아빠와 내가 4억 원을 가지고 부동산에 연락하며 돌아다닐 때 대부

분의 중개사들은 그 돈으로는 부동산을 살 수 없다고 이야기했다. 아마 그 말을 믿고 부동산에 대한 관심을 끊었다면 2채의 다가구주택을 동시에 매입하는 일은 불가능했을 것이다. 부동산에 대한 지속적인 관심과 이 물건이 저렴하다는 확신이 있었기 때문에 우리에게 맞는 물건을 찾을 수 있었고 과감히 10억 원에 가까운 돈을 빌려서 거래를 성사시킬 수 있었다.

많은 사람들이 돈이 있을 때만 부동산에 관심을 갖는다. 본인에게 자본이 없으면 부동산에 대한 관심을 끊는다. 일단 돈을 마련해야 부동산을 살 수 있다고 생각하기 때문이다. 하지만 우리가 부동산에 투자하지 못하는 건 돈이 없어서가 아니다. 부동산에 대한 확신이 없기 때문에 투자하지 못하는 것이다. 2년 뒤에 5억 원짜리 부동산이 8억 원이 된다는 확신만 있으면 어떻게든 돈을 끌어와서 투자하지 않겠는

가. 대부분 5억 원짜리 부동산이 8억 원이 된다는 확신이 없기 때문에 대출을 꺼리고 투자에 소극적인 자세를 취한다.

돈이 없다고 포기하지 말자. 돈이 될 만한 물건을 알아보는 안목과 이 물건에 대한 확신만 있다면 돈은 어떻게든 마련할 수 있다. 그러니 자신에게 맞는 부동산을 찾는 것을 포기해서는 안 된다. 우리 가족이 1채도 사지 못할 돈으로 2채를 살 수 있었던 것은 4억 원을 가지고는 택도 없다는 중개사의 말을 듣지 않았기 때문에 가능했다. 포기하지 않으면 반드시 기회는 온다.

눈먼 부동산을 찾아라
- 독산동 다가구 1주택

2016년에 가지고 있는 모든 현금을 끌어모아 서울에 다가구주택 2채를 구입한 우리는 위기를 대비해 현금을 확보하기로 했다. 그 와중에도 아버지와 나는 계속 부동산에 대한 관심을 놓지 않았다. 부동산 시장의 흐름에 대해 계속 대화했고, 인터넷에 올라오는 매물을 살펴보고 중개사를 찾아가 이야기를 나누었다.

그러던 어느 날 대지면적 303m²(92평)짜리가 평당 890만 원에 올라온 매물을 발견했다. 서울에 303m² 규모의 대지가 평당 1천만 원도 되지 않다니 믿을 수가 없었다. 평당 1,300만 원 이하 땅은 업자들이 다 샀기에 처음에는 중개사무소에서 잘못 올린 것이라고 생각했다. 아버지가 실제 매물이 있는지 중개사무소로 전화해 확인하니 물건이 실제로 있다고 했다. 그리고 바로 그 물건을 보러 중개사무소로 향했다. 물건은 대지면적 303㎡(92평)에 자루형 토지였고, 낡은 주택에 2가구가 살고 있었다. 옥탑은 있었으나 방치되어 비어 있는 상태였다. 전세보증금은 총 1억 5천만 원이었고 이 주택을 사기 위해 필요한 돈은 6억 7천만 원이었다. 6억 7천만 원에 서울 땅 92평. 자루형 토지임을 감안해도 매우 저렴한 가격이었다. 평당 1,200만 원 이하의 땅은 이미 서울에서는 오래전에 멸종되었기 때문이다.

우리는 부동산 투자를 어느 정도 마치고, 투자 전략을 현금 확보 쪽으로 결정했기 때문에 그 물건에 직접 투자하기보다는 주변 지인에게 소개하기로 결정했다. 때마침 안양에서 아파트를 팔아 부동산 투자를 고민하고 있던 외숙모에게 그 물건을 소개했다. 아버지와 나의 추천을 받은 외숙모는 그 물건을 매수하기로 결정했고, 거래하는 과정에서 가격을 좀 더 깎아 7억 6천만 원에 구입했다.

이 부동산은 왜 이렇게 싸게 거래할 수 있었을까? 거래를 진행하면서 중개사로부터 들은 사연은 이러했다. 이 물건은 상속 물건이었다. 6월에 매매 계약을 체결했는데 상속 정리가 되지 않아 불발되었고 이번에 다시 나온 물건이라고 했다. 상속받은 자녀들은 모두 4명인데 모두 미국에 거주하고 있어 이 물건에 신경 쓸 여유가 없었다. 그래서 해당 주택에 거주하고 있는 임차인은 10년째 묵시적 갱신으로 계약을 연장하며, 시세보다 저렴한 가격에 거주하고 있었다. 일일이 2년마다 임차인을 새로 들이고 임대료를 올리는 수고를 하느니 임차인

스스로 집을 관리하는 조건으로 계약을 연장해온 것이었다. 그 결과 임차인들이 살고 있는 전세가격은 현 시세에 비해 절반가량에 불과했다. 물론 상황이 이러하니 매매 시세가 어떠한지는 알 턱이 없었다.

눈먼 부동산이 되는 조건 :
무관심, 해외 거주, 상속

이 물건은 결론적으로 부동산 소유자의 무관심, 해외 거주, 상속이라는 3가지 조건이 맞물리면서 시세보다 낮은 가격에 나온 것이었다. 그래서 돈이 있으나 없으나 부동산에 관심을 끊지 않고 있던 아버지와 나의 레이더망에 가장 먼저 포착되었고, 외숙모는 부동산 매수와 동시에 현 시세대로만 팔아도 3억 원이 넘는 차익을 기대해볼 수 있게 되었다.

땅을 사서 집을 지어 파는 건축업자들은 이 물건처럼 시세보다 저렴하게 나온 물건을 두고 '눈이 멀었다'라는 표현을 쓴다. 눈이 있으면 주변 시세를 보고 자신의 가격도 시세에 맞춰 올려놓았을 텐데 주변 시세를 보지 않으니 자신의 머릿속에 있는 10년 전 가격에 물건을 내놓는 것이다. 그렇게 눈이 먼 물건이 아버지와 나의 눈에 띄었고 외숙모는 성공적으로 계약을 마치게 되었다.

부동산을 거래할 때 물건을 싸게 팔고 싶은 사람은 아무도 없다. 파는 사람은 늘 비싸게 팔기를 원하고, 사는 사람은 늘 싸게 사기를 원한다. 파는 사람과 사는 사람 사이의 좁혀지지 않을 것 같은 이 팽팽한 평행선은 뜻하지 않은 상황을 맞이하면 극적으로 좁혀져 가격을 타협하게 된다.

보통은 시장의 상황이 상승세면 파는 사람의 뜻이, 반대로 하락세면 사는 사람의 뜻이 강하게 반영되면서 가격의 타협이 이루어진다고 생각한다. 하지만 시장의 상황보다 더 중요한 것이 있다. 바로 시장의 상황을 이기는 개인의 사정이다. 파는 사람이 개인의 사정상 급하게 팔아야 하는 물건이면 시장의 상황이 상승세여도 가격을 낮춰야 하고, 시장의 상황이 아무리 안 좋아도 파는 사람이 팔 생각이 없으면 그 물건을 사고 싶은 사람이 가격을 더 높여야 거래가 가능해진다.

물건을 알고 상대방을 알면
부동산 투자는 실패하지 않는다

중국의 유명한 병법서 『손자』에는 "지피지기면 백전불태"라는 유명한 문구가 나온다. 이는 부동산 투자에도 통용되는 말이다. 이 물건이 어떻게 나온 물건인지 소유한 사람의 사정을 알게 된다면 가격 협상을 할 때 좀 더 유리하게 끌고 갈 수 있다. 건축업자들이 말하는 '눈먼 부동산'은 모두 개인의 사정이 있는 부동산이다. 그 사정은 상속이 될 수도 있고, 소유자가 타지에 사는 것일 수도 있다. 국가 정책으로 인한 세금 문제가 그 물건의 사정이 될 수도 있다. 그래서 주변 시세보다

| 서울시 금천구 독산동 다가구주택 |

가격이 저렴해지는 것이다.

우리는 살면서 부동산 거래를 몇 번 하지 않는다. 막연히 장밋빛 청사진만을 보고 부동산에 투자하는 것은 몇 개 되지 않는 총알을 아무 곳에나 막 쏘는 것이다. 그래서는 목표물에 명중시킬 수가 없다. 나에게 총알이 한 발밖에 없다고 생각해보라. 정말 확실히 목표물에 명중시킬 자신이 없으면 절대로 그 총알을 쓰지 않을 것이다. 부동산 투자도 마찬가지다. 사자마자 차익을 볼 수 있는 부동산이 아니면 미래를 함부로 예측해서 투자해서는 안 된다. 그것은 도박과 다를 바가 없다. 눈이 먼 부동산을 찾아야 한다. 눈이 먼 부동산은 주변에 늘 존재하지는 않지만 반드시 나타나기 마련이다. 개인의 사정은 언제 어떻게 변화할지 모르기 때문이다.

부동산 거래 시 협상을 잘하는 5가지 방법

1. 물건이 나오게 된 경위를 잘 파악하라.

2. 상대방의 사정을 파악하라.

3. 집의 장점보다는 단점을 많이 이야기하라.

4. 다른 물건과 고민하고 있음을 내비쳐라.

5. 중개사를 내 편으로 만들어라.

우리가 투자를 하는 이유는 돈을 벌기 위해서다. 돈을 버는 것이 목적이지 좋은 아파트를 찾는 것은 본질이 아니라는 말이다. 부동산 투자에서 가장 중요한 것은 어떤 아파트인가가 아니라 얼마인가다. 투자의 기회는 남들이 모두 아니라고 하는 곳에 있는 법이다. 편견을 갖지 말자. 그러면 남들이 보지 못하는 기회가 열릴 것이다.

6장

부자가 말하는
부동산 투자 노하우

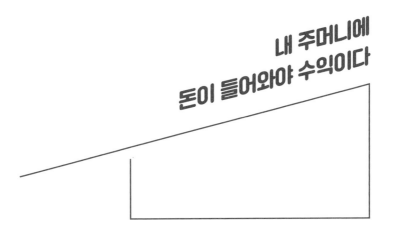

수익과 이익을
구분해야 한다

돈을 벌려면 수익에 대한 정확한 정의를 알고 있어야 한다. 수익이 뭔지도 모르고 수익을 늘리겠다는 건 말이 되지 않는다. 수익이란 도대체 무엇일까? 예를 들어 내가 가진 아파트가 2년 전에 5억 원이었는데, 오늘 부동산에 물어보니 7억 원이라고 한다. 그러면 나는 2억 원의 수익이 생긴 것일까?

흔히 이익과 수익을 혼동하는 경우가 많다. 국어사전에서 '수익'이라는 단어를 찾아보면 "이익을 거두어들임"이라고 정의되어 있다. 반면에 '이익'은 "물질적으로나 정신적으로 보탬이 되는 것"이라고 정의되어 있다. 이 정의에 따르면 아파트 값이 2년 전에는 5억 원이었는데 오늘 시세를 확인해보니 7억 원으로 오른 것은 이익이 된다. 거두어들인 것은 없기 때문에 수익은 없는 것이다.

부동산이 상승하는 시기에 신문을 펼쳐보면 강남에 있는 ○○아파트 값이 몇 억 원씩 올랐다는 기사를 심심치 않게 볼 수 있다. 이런 기사를 보는 많은 사람들은 상대적 박탈감을 느끼곤 한다. 열심히 일해도 1억 원은 구경도 못하는데 그냥 가만히 앉아서 하루아침에 몇 억을 벌었다는 사람도 있으니 허탈감이 드는 것이다.

하지만 그럴 필요가 전혀 없다. 아파트 값이 아무리 올라도 그들의 수익은 0일 뿐이다. 기사에서 말하는 것은 아파트의 호가가 그렇다는 것이지, 그들이 그렇게 돈을 벌었다는 말이 아니다. 그들 중 일부는 그런 수익을 거두어들일 수도 있지만, 대부분의 사람들은 이익만 누리고 있을 뿐이다. 그러나 이 이익은 언제 어떻게 사라질지 모른다. 하루아침에 몇 억의 이익이 생긴 만큼 하루아침에 몇 억이 사라질 수도 있다.

서점에 가면 수없이 많이 진열되어 있는 부동산 투자 책들을 봐도 마찬가지다. 굉장히 어렵게 살던 사람이 부동산 경매를 통해 수십 채의 집을 갖게 되었다는 이야기를 접하곤 한다. 많은 사람들이 이런 사람들에게 부러움의 감정을 느끼지만 부러워할 필요가 전혀 없다. 집의 개수만 많을 뿐 실속이 없는 경우도 많기 때문이다.

2014년에 일가족이 동반 자살하는 사건이 있었다. 이들은 15채의 집을 보유하고 있었다고 한다. 이렇게 많은 부동산을 보유한 사람이 왜 극단적인 선택을 했을까? 기사에 따르면 대출금 상환 압박 등의 경제난 때문이라고 한다. 상식적으로 생각하면 집을 무려 15채나 가진 부자가 경제난으로 자살을 했다니 이해가 되지 않는데, 알고 보면 외형은 거대했지만 실속은 없었던 것이다.

현상이 아닌 본질,
이익이 아닌 수익

보통 많은 이들이 이익의 관점에서 부동산을 바라본다. 그래서 본질이 아닌 현상을 좇는다. 집이 몇 채인지, 자산 규모가 얼마나 되는지, 이런 껍데기에만 관심을 갖는다. 중요한 건 그런 것이 아니다. 돈은 우리의 삶을 조금 더 풍요롭고 행복하게 하기 위해 존재하는 것이다. 돈을 모으기 위해서 돈을 버는 것이 아니다. 이런 관점에서 생각해본다면 우리에게 중요한 것은 이익이 아니라 수익이다. 내 주머니에 돈이 얼마나 들어오는가 말이다.

이익과 수익을 구분하기 시작하면 우리가 투자를 어떻게 해야 할지 방향이 보인다. 이 부동산 투자가 내 주머니에 현금을 가져다줄 수 있는지만 생각하면 된다. 그 기준에 부합하면 투자하고 부합하지 않으면 투자하지 않으면 된다. 대부분 부동산 투자에서 실패하는 경우는 수익이 아닌 이익을 따라가기 때문이다.

예를 들어 어느 지역이 재개발된다는 소문을 듣고 가격이 오를 것으로 기대해 투자를 한다. 자금이 부족하면 은행에서 빌려서 투자를 한다. 미래에 큰 이익을 가져다줄 것이라고 생각하기 때문에 지금 당장 내 주머니에서 돈을 빼는 데도 망설임이 없다. 물론 그렇게 생각대로 재개발이 이루어지면 다행이다. 그런데 예상대로 재개발되지 않으면 이러지도 저러지도 못하는 상황이 된다. 물건을 팔고 싶어도 팔리지 않고 매달 대출이자는 나간다. 재개발은 언제 된다는 기약이 없다. 대박을 가져다줄 것이라 믿었던 부동산 투자가 실패로 돌아가는 것이다. 이익과 수익을 혼동해서 생각하기 때문에 발생하는 일이다. 수익이 아닌 이익을 좇다 보니 오히려 수익을 얻는 것과 정반대되는 투자를 했다. 내 주머니로 돈을 가져다주어야 하는데 오히려 내 주머니에서 돈을 빼가는 투자를 한 것이다.

그렇다면 수익의 관점에서 실행하는 부동산 투자는 어떨까? 수익을 얻는 관점에서 투자를 하면 실패하기가 더 어렵다. 예를 들어 A라는 부동산에 투자해야 할지 고민하는 상황이라고 치자. 수익의 관점에서 투자를 하게 되면 A라는 부동산이 내게 얼마큼의 현금을 가져다줄 수 있는지 따져보게 된다.

'A부동산에서 기대할 수 있는 임대수익은 50만 원인데, 대출이자가 30만 원 나가니까 월 20만 원이 내 주머니로 들어오는구나. 내가 투자하는 금액은 4,800만 원이니까 5%의 수익률이구나. 금리보다 더 나오네. 투자해야겠다.'

수익의 관점으로 투자를 바라보면 바로 이런 논리에 따라 투자 여부를 결정한다. 그리고 투자를 하는 즉시 매달 20만 원의 돈이 내 주머니로 들어오게 된다. 몇 년이라는 긴 시간을 기다려서 얼마나 이익을 얻을 수 있는지를 고민하는 투자가 아니라, 매달 주머니로 돈이 들어오는 확실한 투자를 하는 것이다.

또한 A부동산의 매매가가 1년 뒤에 500만 원이 오르든 떨어지든 신경 쓰지 않아도 된다. 실제로 정말 팔고자 할 때의 가격이 중요하다는 것을 알고 있으니 말이다. 매달 20만 원의 월세가 내 주머니로 들어오고 있으므로, 500만 원은 이익이고 20만 원은 수익이라는 것을 명확하게 알 수 있다.

아버지와 나는 단 한 번도 이익을 찾는 투자를 하지 않았다. 오로지 수익만을 따라갔다. 이 부동산은 우리에게 얼마의 돈을 가져다줄 것인가만 따져보았다. 그렇게 수익을 가져다주는 부동산 중에서 이익이 큰 부동산을 골랐다. 그 결과 매달 들어오는 현금은 불확실한 이익이 아니라 확실한 수익이 되었고, 지금까지 단 한 번도 부동산 투자에서 손실을 본 적이 없다. 심지어 구입할 때보다 싸게 팔 수밖에 없었던 경북 칠곡군 석적읍 다가구주택의 경우에도 보유기간 동안 받아왔던 월세수익을 합쳐보면 그리 나쁘지 않은 투자였다.

투자는 결국 돈을 벌기 위한 것이다. 허황된 이익을 찾기보다는 확실한 수익을 따라가는 것이야말로 우리의 삶을 피폐하지 않고 윤택하게 만드는 진정한 투자가 아닐까?

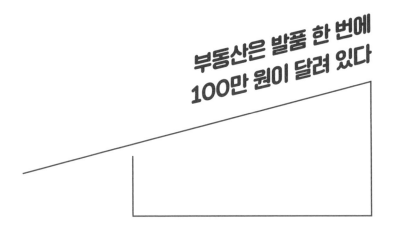

부동산은 발품 한 번에 100만 원이 달려 있다

투자자라면 누구나 싼 물건을 원하지만 싼 물건에 투자하기란 쉽지 않다. 싼 물건은 물량이 적어 찾기 어려울뿐더러, 시장에 물건이 나와도 금세 사라지기 때문이다. 그래서 대부분 싼 물건 찾기를 포기한다. 결국 대부분의 투자자들은 거의 시세에 맞게 자신이 원하는 물건을 산 것에 만족한다.

아버지와 나는 저렴한 물건이 아니면 투자하지 않는다. 저렴한 물건을 찾고자 끊임없이 돌아다닌다. 인터넷을 뒤지는 것은 물론이고, 지나가다가 중개사무소가 있으면 들어가서 물건을 둘러보기도 한다. 물론 대부분의 경우 우리가 찾는 싼 물건은 없다. 그래도 실망하지는 않는다. 아버지와 나는 발품 한 번에 100만 원이 걸려 있다고 생각하기 때문이다.

"발품 한 번에 100만 원"이라는 말은 괜찮은 물건을 찾아다녔지만 성과가 하나도 없을 때 아버지가 했던 말씀이다. 싸고 좋은 물건이 많을 리 없다. 허탕을 치는 날이 허다하다. 그때 그 허탈감을 달래는 마법과도 같은 주문이 바로 "발품 한 번에 100만 원"이다.

부동산 투자자의 발품에
헛걸음이란 없다

무작정 싼 물건을 찾겠다고 부동산을 돌아다니면 쉽게 지치고 실망할 가능성이 높다. 중개사무소 10군데를 가도 정말 싼 물건은 만나기 어렵다. 10군데나 다니며 고생했는데 원하는 물건을 찾지 못하고 아무런 성과가 없으면 실망스러운 것이 당연하다. 하루도 아니고 10일 동안 매일 10군데씩 돌아다녔다면 실망은 더할 것이다. 그렇게 원하는 투자 물건을 찾지 못했다면 더 이상 돌아다니는 것을 포기해버리고 만다. 그런데 그렇게 포기하는 순간 정말 싼 물건을 만날 가능성은 0%가 되어버린다.

아버지는 허탕이라고 생각할 수도 있는 이런 발품에 100만 원의 가치를 부여했다. 한 번, 두 번, 세 번, 그렇게 우리가 부동산을 찾아갈 때마다 100만 원씩 적립되는 것이다. 그러다가 다섯 번째쯤 돌아다녔을 때 정말 싼 급매물을 찾으면 우리는 시세보다 저렴하게 부동산을 구입해서 그동안의 노력을 모두 보상받게 된다. 이때 시세보다 저렴하게 구매한 금액을 우리가 허탕 친 횟수로 나누면 1회당 100만 원쯤 되지 않겠냐는 것이 아버지의 생각이다. 실제로 부동산을 한 번 찾아갈 때마다 100만 원씩 물건을 싸게 살 수 있다는 생각을 가지면, 허탕이라는 생각이 전혀 들지 않는다. 싼 물건을 찾기 위한 노력이고 그렇게 돌아다니다 보면 언젠가 정말 싼 물건을 만날 수 있을 것이라는 확신이 생긴다.

이런 생각을 가지고 있었기에 우리는 4억 원으로 다가구주택을 1채도 아닌 2채나 살 수 있었고, 인근 시세 1,300만 원짜리 땅을 800만 원대에 살 수 있는 기회를 얻었다. 중개사가 말하는 대로 그 돈으로는 못 산다고 생각해서 돌아다니지 않았다면, 싼 물건은 그저 우연히 운 좋은 사람에게나 오는 것이라고 생각했다면, 이런 기회를 얻지 못했을 것이다. 그 기회는 아마 부지런히 발품을 파는 다른 누군가에게 돌아갔을지도 모른다.

절대적으로 이기는 투자 법칙은
싸게 사는 것이다

아버지와 나는 모멘텀 투자보다는 가치 투자를 지향하는 쪽이었다. 시세보다 저렴한 부동산에 투자해 시세만큼 올라오길 기대하는 것이다. 사실 부동산 투자에서 시세보다 저렴한 부동산은 제각각 사정이 있다. 보통 급하게 처분해야 하는 이유가 있어서 다른 물건보다 가격을 좀 더 내려서 내놓는다. 이런 물건에 투자하면 몇 가지 장점이 있는데 첫째는 물건을 저렴하게 살 수 있다는 것이고, 둘째는 거래의 주도권을 우리가 쥘 수 있다는 것이다. 그뿐만 아니라 그렇게 매입한 부동산은 매입 즉시 이익을 볼 수 있다. 매도자의 사정이 우리에게는 적용되지 않는 경우가 많기 때문이다. 그래서 100번의 발품 끝에 단 한 번만이라도 정말 싸게 나온 물건을 찾으면 구입과 동시에 이익을 실현할 수 있게 된다.

부동산 투자를 다루는 책들에서 늘 나오는 것이 있다. 바로 '발품의 중요성'이다. 그런데 대부분의 사람들은 손가락으로만 물건을 찾으려고 한다. 하루에도 수만 명의 사람들이 지켜보는 사이트에서 가장 먼저 물건을 발견할 가능성은 굉장히 낮다. 또한 중개사무소에서는 진짜 좋은 물건은 인터넷에 잘 올리지 않는다. 자신이 가지고 있다가 거래 가능성이 있는 상대방을 만나면 그들에게 소개한다. 그래서 부동산 투자에서 발품은 중요하다. 그런데도 대부분의 사람들은 발품을 잘 들이지 않는다. 한두 군데 다녀보고는 충분히 발품을 팔았다고 생각한다. 그렇기에 수십 번, 수백 번의 발품은 더욱 빛이 난다. 다른 사람들은 그렇게까지 하지 않기 때문이다. 모델하우스에서 견본 주택을 슥 한 번 보고 계약서를 작성하는 사람이 얼마나 많은가. 바로 여기에서 투자의 기회가 생긴다.

많이 돌아다니면서 싼 물건을 찾아 신중하게 투자해야 하는 이유는 투자금 때문이다. 우리가 부동산에 찾아가는 대로 정말 좋은 물건을 매번 만난다고 해서 그 부동산에 모두 투자할 수는 없다. 우리에게는 정해진 투자금이 있고, 이 투자금이 허용하는 수준에서만 투자를 결정할 수 있다. 100채의 좋은 물건을 찾아도 전부 내 것이 될 수 없다는 말이다. 결국 이 100채의 좋은 물건 중에서 딱 1개만을 선택해 투자할 수 있을 뿐이다. 이것은 딱 한 번 주어지는 기회를 의미하기도 한다. 좋은 집이든 나쁜 집이든 집 살 기회를 한 번 놓치면 이 기회가 언제 다시 올지 모른다. 그렇기 때문에 우리는 시세에 맞춰 급하게 투자할 필요가 없다.

언제 어떻게 나타날지 모르는 정말 저렴한 투자 물건이 존재한다고 믿는다면, 우리는 그 물건을 100번, 200번 발품을 팔아서라도 찾아야 한다. 원하는 가격대에 물건이 없을 거라고 생각해 포기해버리는 것은 진정한 투자자의 자세가 아니다. 명심하자. 우리는 어차피 자금상의 제약으로 단 1채의 집만 살 수 있다. 그 1채의 집을 무엇으로 결정할지는 전적으로 자신에게 달렸다. 나라면 그 한 번의 기회를 널리고 널린 집에 쓰지는 않을 것이다.

부동산 투자자는 많지만 투자 스타일은 크게 2가지로 나눌 수 있다. 앞으로 더 올라갈 것으로 보고 투자하는 것과 언제 올라갈지는 모르지만 현재 가치보다 저렴한 것에 투자하는 것이다. 전자를 모멘텀 투자라고 하고, 후자를 가치 투자라고 한다. 모멘텀 투자는 한번 탄력을 받으면 단기간에 가격이 급등한다. 한번 상승하기 시작한 아파트 값이 강한 매수세를 타고 계속 오르는 것이다. 그러나 매수세가 실종

되면 반대로 급락할 수 있다. 반면에 가치 투자는 더 이상 가격이 빠지지 않을 물건에 투자하는 것이다. 가격이 너무 낮아서 더 이상 가격이 내려가기 어려운 것에 투자해서 제 가격만큼 회복하기를 기다리는 것이다. 다만 가치 투자의 경우 가격이 가치를 반영하는 데까지 시간이 오래 걸릴 수 있다.

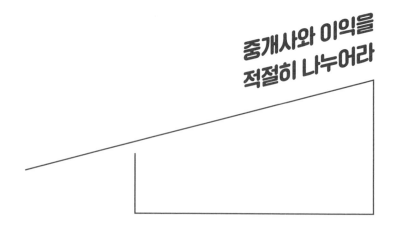

중개사와 이익을 적절히 나누어라

부동산 투자를 하다 보면 정말 아까운 비용이 하나 있다. 바로 중개수수료다. 세금이야 국가에 내는 것이니 어쩔 수 없다고 해도 중개수수료는 정말 비싸고 아깝게 느껴진다. 매수자와 매도자가 만나서 돈과 서류를 주고받는데 중간에서 중재하며 계약서를 작성해준다는 이유로 적게는 수십만 원에서 많게는 수백만 원을 가져간다. 중간에 자금에 대한 안전성을 보장해주는 에스크로 서비스를 제공하는 것도 아닌데 말이다.

특히 아파트처럼 굉장히 표준화되고 보편적인 물건인 경우에는 더더욱 아깝게 느껴진다. 그래서 중개수수료를 조금이라도 깎아보려고 노력한다. 직거래도 그런 노력 중 하나다. 하지만 수억 원이나 되는 금액을 중개사 없이 하자니 불안해서 결국 중개사를 끼고 계약을 하게 된다. 중개수수료는 법정 중개수수료율 내에서 협의해 정하도록 되어 있지만 법정최고치가 사실상의 수수료율로 여겨지고 있기 때문에 협상의 여지는 별로 없는 것이 현실이다. 그래서 중개수수료율을 법적으로 낮춰야 한다는 목소리도 나오고 있는 듯하다. 부동산 가격이 너무 높아지면서 중개수수료에 대한 부담 역시 만만치 않기 때문이다.

중개수수료를 더 주면
더 큰 이익이 따라온다

아버지와 나는 중개수수료를 아까워하지 않는다. 오히려 법정 중개수수료 이상을 주려고 한다. 중개수수료가 아깝지 않아서가 아니다. 중개수수료를 중개사에게 더 주면 거래를 우리에게 유리하게 풀어갈 수 있다는 사실을 알고 있기 때문이다.

이게 무슨 말인가 하면, 우리가 부동산 거래를 한다고 생각해보자. 물건을 팔려고 하는 매도자와 물건을 사려고 하는 매수자, 그리고 계약을 중재하는 중개사가 있다. 거래를 축구 경기로 생각하면, 매도자와 매수자는 필드에서 뛰는 선수이고 중개사는 심판이 된다. 매도자와 매수자는 정해진 룰 안에서 거래를 해야 하며, 중개사는 그 거래가 원활하게 진행될 수 있도록 돕는다. 선수들이 반칙을 하지 않고 게임을 원활하게 풀어갈 수 있도록 돕는 심판처럼 말이다.

그런데 중개사는 심판과는 조금 다른 점이 있다. 심판은 공정하게 게임을 진행하는 것이 중요하다. 반면에 중개사는 계약을 성사시키는 게 중요하다. 이 차이가 중개사에게 중개수수료를 더 줘야 하는 이유다. 내가 거래의 주도권을 쥐기 위해서는 3명이 참여하는 거래에서 내 편을 2명으로 만들어야 한다. 나와 거래를 하는 상대방은 절대 나와 같은 편이 될 수 없으니 중간에 위치한 중개사를 내 편으로 만드는 일이 중요해진다. 그러면 2 대 1로 거래하는 효과를 기대할 수 있다. 나는 그 물건을 사고 싶은데 매도인이 물건을 안 팔려고 하면 중개사가 한마디 거들어 물건을 팔게끔 할 수도 있고, 내가 직접 가격을 깎기 어렵다면 중개사가 대신 의사를 전달할 수도 있는 것이다. 이처럼 중개사를 나의 대리인으로서 잘 활용하면 거래를 조금 더 유리하게 이끌어갈 수 있다.

중개수수료를 더 주는 것은 단순히 거래에서만 효과를 발휘하는 것이 아니다. 중개수수료를 더 주겠다는 의사를 비치면 중개사는 어차피 일어날 거래라면 수수료를 더 준다는 사람을 중개하려 할 것이다. 그래야 자신에게 오는 수수료 수입이 더 크기 때문이다. 결국 중개사가 좋은 투자 물건을 나에게 먼저 소개해줄 가능성이 더 높아진다.

예를 들어 법정 중개수수료가 250만 원이라고 하자. 여기서 2배를 더 줘봐야 500만 원이다. 수억 원을 거래하는데 수백만 원은 작은 금액일 뿐이다. 오히려 내가 그 물건을 투자함으로써 생기는 이익은 최소

수천만 원에서 수억 원이 될 가능성이 높다. 그러니 작은 중개수수료에 연연해 중개사를 잃는 실수를 해서는 안 된다. 수수료를 쓰고 수수료보다 더 큰 이익을 얻는 것이 좋다.

독산동 304m²(92평)짜리 다가구주택을 거래할 때의 일이다. 평당 890만 원 정도였던 그 물건은 총 매매가가 8억 2천만 원이었고, 여름에 한 번 거래가 성사될 뻔했다가 안 된 물건이라 중개사는 가격을 더 깎기 어렵다고 말했다. 구체적으로 물건을 확인하고 투자할 만한 물건이라는 확신이 들자 아버지는 중개사에게 이렇게 말했다. "설사 못 깎더라도 말이나 한번 해주세요. 8억 2천만 원이면 중개수수료가 400만 원 정도 되는데, 8억 1천만 원에 거래되면 수수료로 450만 원을 드리고, 8억 원에 거래하게 되면 500만 원을 드릴게요."

사실 법적으로 보면 중개수수료를 초과해서 줄 필요는 없다. 하지만 중개사가 매도인에게 말을 잘해서 1천만 원이라도 절충이 된다면 나는 그만큼 더 이익을 보게 된다. 거기서 50만 원을 떼어주는 것은 별로 어렵지 않다. 중개사 입장에서도 말 한마디 보태서 매도인이 깎아주겠다고 하면 수수료가 50만 원, 100만 원이 늘어나니 하지 않을 이유가 없다. 결과적으로 이 물건은 여러 가지 사정으로 원래 매매가보다 훨씬 저렴한 가격에 거래되었다.

중개사는 거래를 원활하게 진행하는 중개자인 동시에 매수인과 매도인의 대리인이기도 하다. 매도인과 매수인은 그런 대리인을 이용해 거래의 결과를 자신이 원하는 방향으로 만들어내는 것이 중요하다. 그래야 내가 원하는 결과를 만들어낼 수 있다.

능숙한 선수들은 중개사를
자기 편으로 만들고 게임을 한다

실제로 이렇게 중개사를 잘 이용하는 경우를 생각보다 쉽게 볼 수 있다. 단지 우리가 인식하지 못할 뿐이다. 혹시 신축 빌라 광고를 본 적이 있는가? 신축 빌라 광고를 보면 가끔 중개수수료가 없다는 문구가 포함되어 있다. 건축주가 직접 분양하는 경우에는 중개수수료가 없는 것이 정상이지만, 부동산에서 거래해도 중개수수료가 없는 경우가 있다. 이는 정말 중개수수료가 없는 것이 아니다. 빌라를 지어서 팔려는 건축업자가 자신의 빌라를 팔기 위해 중개사에게 투자자의 수수료까지 지불하는 것이다. 물론 표면적으로는 중개수수료가 없다고 말한다.

그러면 중개사는 누구의 편에서 이야기하게 될까? 거래를 일으켜야 돈을 버는 중개사 입장에서 빌라를 안 좋게 이야기할 이유도 없지만, 중개수수료를 더 많이 주는 빌라를 먼저 팔려고 할 것이다. 그리고 그 물건을 팔아야겠다고 마음먹은 중개사는 당연히 빌라의 좋은 점을 더 많이 이야기한다. 좋은 이야기를 많이 들은 투자자는 그 물건을 거래할 가능성이 높아진다.

비즈니스에는 생태계라는 것이 있다. 생태계에서는 그 누구도 혼자 살아갈 수 없다. 함께 더불어 살아갈 때 생태계는 더욱 발전하게 된다. 유튜브가 동영상을 만들어 올리는 크리에이터들에게 광고수익을 나누어주는 것도 그러한 이유에서다. 광고수익을 얻고자 크리에이터들은 더욱 열심히 동영상을 올리고, 그렇게 올라온 동영상들은 유튜브를 더욱 풍요롭게 만든다. 그래서 이익은 그 생태계에 속한 사람들에게 적절하게 돌아가야 한다. 그래야 생태계는 상생하고 번영할 수 있다. 광고수익을 나눠주는 것이 아까워서 크리에이터들에게 이익을 나누지 않는다면 오늘날 유튜브는 이만큼 성장할 수 없었을 것이다. 부동산 투자도 마찬가지다. 나 혼자 싸고 좋은 물건을 찾아서 이익을 다 갖겠다는 생각은 버리는 것이 좋다. 이익을 독점하면 더 잘될 것 같지만, 결국은 더 큰 이익을 놓치는 결과를 낳는다.

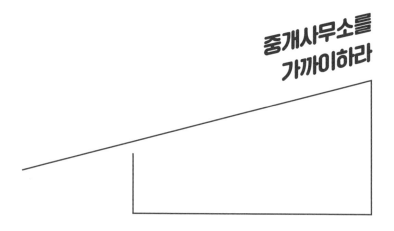

중개사무소를
가까이하라

부동산에 대해 가장 잘 알고 있는 사람은 누구일까? 부동산 투자 책을 쓴 사람일까? 방송에서 부동산을 분석해주는 전문가일까? 부동산은 지역성이라는 특징이 있어서 해당 부동산이 위치한 지역에 살고 있는 사람들이 가장 잘 안다. 특히 그 지역에서 부동산업을 하고 있다면 그 사람이야말로 그 지역의 부동산 전문가일 가능성이 높다. 다시 말해 우리가 흔하게 볼 수 있는 중개사무소에 앉아 있는 중개사들이 그 지역의 부동산 전문가라는 말이다.

보통 이런 부동산 전문가들을 잘 활용하지 못하는 사람이 많다. 전월세를 거래하거나 가끔 투자 물건을 찾을 때만 들르는 곳으로 생각하는 것 같다. 그래서는 부동산 투자자라고 할 수 없다. 부동산은 전월세 거래나 투자할 때만 찾아가는 게 아니라 시간이 날 때마다 가야 하는 곳이다. 인근 지역의 물건들이 가장 먼저 들어오고, 부동산에 대한 정보들이 모이는 곳이 바로 중개사무소다. 부동산 투자자라면 중개사무소를 자주 찾아가고 중개사들과 친하게 지내야 한다.

2014년 서울시 관악구 신림동의 다중주택을 직접 건축할 때의 일이다. 경북 칠곡군에서 막 서울로 올라온 터라 서울의 임대시장을 잘 알지 못했던 아버지와 나는 다중주택을 어떻게 지어야 할지 몰랐다. 건축이라는 것이 한번 지어놓으면 수십 년간 변경하기 어렵기 때문에 더욱 신중하고 조심스러웠다. 우리가 원하는 것은 공실이 나지 않는 주택을 짓는 것이었는데 정보가 없으니 어떻게 지어야 할지 막막하기만 했다.

계약뿐 아니라 집을 지을 때도
중개사에게 물어라

우리가 가장 먼저 한 일은 건축업자들의 이야기를 들어보는 것이었다. 집을 많이 지어본 그들이 어떤 집을 지어야 할지 가장 잘 알고 있지 않을까 하는 생각에서였다. 업자들을 골고루 만나면서 건물을 어떻게 지어야 좋은지 많은 이야기를 들었다. 건축업자들은 모두 같은 공간에 최대한 많은 방을 지어야 한다고 했다. 그래야 보증금이나 월세수익이 증가하기 때문에 집이 비싸게 팔린다는 것이다. 일리 있는 말이었다. 방이 한 층에 4가구씩 들어 있는 주택과 5가구씩 들어 있는 주택은 임대수익에서 차이가 날 수밖에 없다. 방을 크게 빼서 한 가구에 50만 원씩 월세를 받으면 200만 원이 되고, 방을 조금 작게 빼는 대신 방 한 개를 더 넣으면 월세는 45만 원씩 총 225만 원의 수익이 발생하기 때문이다. 다만 수익이 커지는 만큼 공실에 대한 리스크도 커진다.

두 번째로 한 일은 내가 직접 임차인이 되어 주변에 지은 방들을 살펴보는 것이었다. 중개사무소를 찾아가 근처에 있는 기업에 취직해서 올라왔다고 말하고 가격대별로 방을 살펴보았다. 이때 다양한 집들의 구조를 보고 방들을 살펴볼 수 있었다. 이 정도 크기의 방은 임대료가 얼마이고, 저 정도 크기의 방은 임대료가 얼마인지, 동네에서 보통 방의 크기는 어느 정도인지 알 수 있었다. 가치라는 것은 희소성에서 나오는 것이기에 다른 곳과 달라야 임대료를 더 받을 수 있었다. 그러기 위해서는 남들이 지은 방에 대해 알아야 했다. 경쟁 관계에 있는 다른 부동산을 참고하는 것은 정말 큰 도움이 되었다.

그중에서도 가장 결정적으로 우리 집의 구조를 결정하는 데 도움이 된 것은 중개사들의 의견이었다. 어머니와 나는 인근 중개사무소를 돌아다니면서 그들의 생각을 물어보았다. 그들이 방을 놓을 사람들이니까 어떻게 방을 만들어야 가장 잘 나가는지 조언해줄 수 있다고 생각했다. 방의 크기는 업자들이 다 조그맣게 지어놓아서 크게 짓는 게 오히려 유리하다는 조언부터 시작해서 벽지의 색깔, 옵션의 구성 등 가장 임대하기 좋은 원룸을 만들기 위한 여러 가지 조언을 들을 수 있었다. "건축업자들이 방을 다 좁게 만들어놔서 살 만한 방이 없어요. 무조건 크게 만드세요." "방은 하얗게 꾸미세요." 등등.

우리는 인근 중개사들이 해준 조언에 따라 방의 개수를 줄이는 대신 넓게 만들었고, 벽지는 화이트 톤으로 선택해 깔끔해 보이게 했다. 그 결과 현재 월세 60만 원을 받고 있고 공실은 하나도 없다. 공실이 나오기도 전에 빈방 없냐며 중개사무소에서 연락이 오기도 한다. 건축업자들은 방의 크기를 키우고 개수를 줄이면 수익률이 떨어져 집을 팔 수 없었기 때문에 방을 좁게 만들고 방의 개수를 늘리는 것을 선택했다. 그래서 우리가 만든 방은 경쟁력이 있었다. 직접 살면서 운영할 목적이었기 때문에 방을 중개사들의 의견에 따라 크게 지을 수 있었던 것이다. 중개사들의 조언이 없었다면 건축업자들이 말하는 대로 집을 지어 공실에 어려움을 겪었을지도 모른다.

사람들은 보통 중개사를 계약할 때만 찾는다. 사실 중개사들은 모두 부동산 전문가다. 수십 년 동안 한자리에서 중개업을 하면서 지역 부동산에 대해서는 모르는 게 없다. 어떤 땅이 얼마에 거래되었는지도 다 꿰고 있다. 국토교통부 실거래가에 뜨기도 전에 말이다. 따라서 중개사를 계약할 때만 찾아서는 안 된다. 집을 지을 때는 인근 신축 건물들이 어떻게 지어지는지 자문을 구하고, 아파트 인테리어를 할 때는 인테리어 잘해놓은 집 좀 하나 소개해달라고 해서 참고하자. 수 없이 많은 방을 살펴보는 그들의 경험은 결코 무시할 수 없다.

모든 부동산 정보는
중개사무소로 통한다

부동산과 관련해서 모르는 것이 있다면 중개사무소를 찾아가자. 경제신문을 읽다가 잘 이해되지 않는 부동산 용어가 있다면 중개사에게 물어보자. 신문에 나온 뉴스가 정말 사실인지 알고 싶다면 중개사에게 확인해보자. 중개사무소를 계약할 때만 찾으면 계약을 돕는 사람에 불과하지만, 부동산에 대해 알고 싶은 게 있어 찾아간다면 좋은 멘토이자 스승이 될 수 있다.

아버지와 나는 특별한 일이 없어도 종종 주기적으로 동네 중개사무소에 들른다. 동네 부동산 분위기가 어떤지 물어보기도 하고, 최근에 거래된 여러 가지 물건에 대한 소식도 들을 수 있다. 아무 생각 없이 흘려들을 수 있는 그들의 말 속에는 시장의 분위기나 좋은 투자처 같은 주옥같은 정보가 들어있기도 하다.

따라서 부동산 투자자가 되고 싶다면 중개사무소를 가까이해야 한다. 돈이 있든 없든 가서 이야기를 듣고 이런저런 이야기를 나누다 보면 부동산에 대한 많은 정보를 얻을 수 있다. 부동산에 대해서는 뉴스보다 빨리 소식을 들을 수 있는 곳이 중개사무소라는 점을 기억하자.

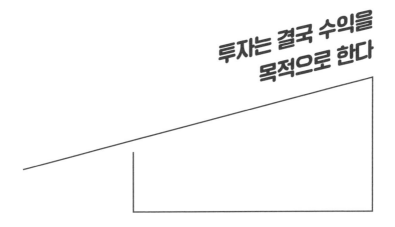

투자는 결국 수익을 목적으로 한다

많은 부동산 투자자들이 투자할 때 궁금해하는 것은 거의 비슷하다. 어떤 아파트가 좋은 아파트이고 어떤 아파트를 피해야 하는지, 빌라에 투자할 때는 어떤 빌라를 선택해야 하고 어떤 빌라를 피해야 하는지, 단독주택에 투자할 때는 무엇을 봐야 하고 어떻게 투자해야 하는지 같은 것들 말이다. 부동산 투자 책들도 하나같이 이런 내용을 다루고 있다. 투자해야 하는 부동산은 어떤 부동산이고 피해야 하는 부동산은 어떤 부동산인지 짚어주는 것이다.

이처럼 무엇이 좋고 무엇이 나쁜 것인지에만 집중하다 보면 정말 중요한 본질을 놓치고 만다. 투자를 왜 하는가에 대한 본질 말이다.

어떤 아파트가 좋은 것이고 어떤 빌라를 피해야 하는지 묻는 이유는 딱 하나다. 좋은 부동산은 가격이 오를 것이고, 나쁜 부동산은 가격이 떨어질 테니까. 그렇기에 가격이 오를 만한 물건을 찾으려고 그런 질문을 계속 던지게 되는 것이다.

수단에 너무 몰입하면
목적을 잊어버린다

우리가 투자를 하는 이유는 돈을 벌기 위함이다. 돈을 버는 것이 목적이지, 좋은 아파트를 찾는 것은 본질이 아니라는 이야기다. 무슨 뜻인가 하면, 만일 좋은 아파트를 계속 찾는 데 익숙해지면 어느 순간부터는 꼭 좋은 아파트를 사야지만 돈을 벌 수 있다고 착각하게 된다는 것이다. 그래서 좋은 아파트에 대한 기준들을 세워놓고 그에 맞는 아파트만을 찾게 된다. 기준에 부합하지 않는 아파트들은 쳐다보지도 않는다.

그런데 정말로 누구나 좋다고 생각하는 아파트를 사야만 가격이 오를까? 꼭 역세권에 대단지이며, 초·중·고등학교를 끼고 있고, 대형 마트가 근처에 위치한 아파트를 사야만 돈을 벌 수 있을까? 물론 좋은 아파트가 더 큰돈을 벌 가능성은 있겠지만 그런 아파트가 아니라도 충분히 돈을 벌 수 있다. 우리는 어느 순간 편견을 가지게 되었다. 부동산 책이든 부동산 강의든 전문가들이 "이런 아파트를 사셔야 합니다."라고 이야기하다 보니 꼭 그런 아파트를 사야 하고 그렇지 않은 아파트는 사지 말아야 하는 것으로 생각하는 것이다. 투자에서 가장 위험한 것이 편견을 갖는 것인데, 어느새 자기도 모르게 편견이 생겨 버린 것이다.

세상에는 다양한 부동산이 존재한다. 정사각형 모양의 반듯한 대지도 있고, 기다란 자루형 대지도 있다. 강남 8학군에 속하면서 지하철역이 바로 근처에 있는 아파트가 있는가 하면, 학군도 별로인 데다 지하철도 들어오지 않는 지역에 위치한 아파트도 있다. 정사각형 모양의 반듯한 대지와 기다란 자루 모양의 대지 중에서 어떤 것을 사야 할까? 강남 8학군에 속하면서 지하철역이 바로 앞에 위치한 아파트와 학군도 별로고 지하철역도 가깝지 않은 아파트 중 어떤 것에 투자해야 할까?

아마 대부분의 사람들은 당연히 반듯한 대지와 강남에 있는 아파트를 사야 한다고 생각할 것이다. 책에서 그렇게 배웠고 부동산 전문가들도 그렇게 이야기하기 때문이다. 하지만 과연 그럴까? 여러분은 가장 중요한 것을 물어보지도 않은 채 벌써 편견에 갇혀 틀에 박힌 대답을 꺼내고 말았다. 바로 가격을 고려하지 않은 것이다. 모두가 좋다고 생각하는 그 대지와 아파트는 가격이 얼마인지도 묻지 않고 사는 게 좋다고 말했다. 마찬가지로 못 생긴 자루형 대지에 지하철도 들어오지 않는 곳의 아파트는 가격이 얼마나 하는지 묻지도 않고 사면 안 된다고 판단해버렸다.

부동산 투자에서 가장 중요한 것은
어떤 아파트인가가 아니라 얼마인가다

투자를 하는 데 있어서 가장 중요한 것은 가격이다. 투자의 목표는 싸게 사서 비싸게 파는 것이기 때문이다. 하지만 우리는 가격은 묻지도 않고 어떤 아파트는 투자해도 좋고, 어떤 아파트는 투자하면 안 된다고 생각하고 있다. 이 편견은 실제 투자에서 굉장히 무섭다. 그렇게 틀에 박힌 기준을 가지고 부동산을 바라보면 정작 가장 중요한 가격이 저렴해도 그 물건에 투자를 하지 않기 때문이다. 어떤 물건은 투자하면 절대 안 된다는 편견이 돈을 벌 기회를 막는 것이다. 투자의 목적이 어느새 돈을 버는 것이 아니라 좋은 아파트를 찾아내는 것이라고 착각하게 된다.

한때 나도 그런 편견에 사로잡혀 있었다. 수많은 책들을 읽고 강연을 듣다 보니 어떤 부동산을 사야 하는지와 사지 말아야 하는지에 대한 기준을 갖게 되었고, 그 기준에 맞지 않으면 절대 사면 안 되는 부동산이라고 생각했다. 그런데 아무리 좋은 부동산이라도 비싸게 사면 수익을 보기 힘들고, 아무리 나쁜 부동산이라도 싸게 사면 수익을 보기 쉬웠다. 결국 중요한 것은 입지도, 주거환경도, 땅의 모양도 아닌 '가격'이었다.

물론 부동산 투자에 대한 다양한 기준들이 모두 무의미하다는 무용론을 말하고자 하는 것은 아니다. 어떤 것이 좋은 아파트인지, 어떤 빌라를 피해야 하는지 기준을 아는 것은 굉장히 중요한 일이다. 그래야 부동산의 가치를 평가할 수 있고, 그 가치를 토대로 가격이 싼지 비싼지를 판단할 수 있기 때문이다. 다만 지나치게 그 기준들에 집중하다 보면 자칫 그 기준들을 따져보는 본래 목적을 잊어버리는 경우가 생길 수 있다는 것이다.

미국의 소설가 마크 트웨인은 "곤경에 빠지는 것은 뭔가를 몰라서가 아니다. 뭔가를 확실히 안다는 착각 때문이다."라는 말을 남겼다. 마찬가지로 투자에서도 가장 위험한 것은 부동산을 잘 모른다는 생각이 아니라 부동산에 대해 가지고 있는 편견이다. 상황은 계속 변화하고 있는데 생각은 고정되어 있다면 위험에 빠질 수도 있다. 우리가 투자를 하는 것은 결국 돈을 벌기 위한 것이지, 좋은 부동산을 찾고자 하는 것이 아니다. 오히려 투자 기회는 남들이 모두 아니라고 하는 곳에 있는 법이다. 그러니 편견을 갖지 말자. 그러면 남들이 보지 못하는 기회가 열릴 것이다.

우리 부자가 함께 실천한 부동산 공부법은 다음과 같다. 첫째, 경제신문을 꾸준히 읽는다. 둘째, SNS를 적극적으로 활용한다. 셋째, 전문가의 투자 방법을 듣는다. 넷째, 부동산 투자 책을 많이 읽는다. 다섯째, 부동산 여행을 되도록 많이 간다. 이렇게 오랜 시간 차근차근 공부하다 보면 자신만의 투자 철학이 생기고 결국에는 성공적인 투자를 할 수 있게 될 것이다.

7장

부자의 성공하는
부동산 공부법

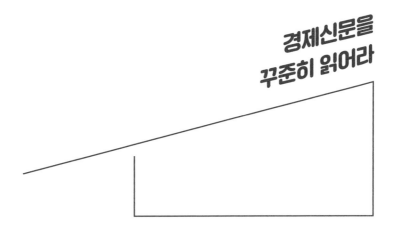

경제신문을 꾸준히 읽어라

부동산 공부를 해야겠다고 마음먹은 사람들이 처음 맞닥뜨리는 문제는 바로 무엇을 어떻게 시작해야 할지 모르겠다는 것이다. 주변에 마땅히 물어볼 사람도 없고, 누군가의 말을 함부로 믿기도 어렵다. 특히 부동산이나 투자는 돈과 관련된 문제이다 보니 아무한테나 상의하기도 쉽지 않다. 이는 부동산 공부를 시작해야겠다고 생각한 모든 사람들이 부딪히는 문제이니 너무 걱정할 것 없다. 결심하기까지가 어렵지, 일단 시작하기로 결심했다면 생각보다 공부하기는 어렵지 않으니 말이다.

인터넷신문보다는
종이신문을 읽어라

만약 그동안 살아오면서 부동산은 물론이고 경제에 대해서 관심이 전혀 없던 사람이라면, 가장 먼저 경제신문을 구독할 것을 권한다. 요즘은 인터넷으로도 쉽게 기사들을 볼 수 있고, 스마트폰에 앱을 깔아도 경제신문을 쉽게 볼 수 있다. 물론 이렇게라도 경제기사를 읽는 것도 나쁘지 않다. 하지만 조금 더 욕심을 내볼 생각이라면 개인적으로 종이신문을 구독하는 것이 몇 가지 장점이 있다고 생각한다.

포털사이트에 올라온 뉴스나 스마트폰 앱을 통해 기사를 읽는 것보다 종이신문을 읽어야 하는 이유는 기사를 보여주는 방식이 다르기 때문이다. 컴퓨터나 스마트폰을 통해 기사를 접하면 돈도 들지 않고 보기에도 편하다. 분야별로 몇 번만 클릭하고 검색어를 넣으면 관련 기사들이 나오니 큰 불편을 느끼지 못한다. 바로 여기에 종이신문을 구독해야 하는 이유가 있다.

인터넷신문은 모니터나 스마트폰의 화면을 통해 기사를 보게 되는데 이 화면은 굉장히 제한적이다. 화면이 작기 때문에 모든 경제기사들을 보여줄 수 없다는 물리적 한계를 가지고 있다. 그래서 포털 서비스 업체에서는 자신들의 관점에서 중요하다고 생각되는, 혹은 사람들이 관심을 많이 가지고 있는 기사들을 선정해 화면에 노출시킨다. 작은 화면에 우선적으로 보여줄 기사들을 선택한다는 말이다. 우리는 그렇게 노출된 기사들을 보고 그 기사가 다루는 내용이 중요하다고 생각하거나, 그게 전부라고 생각한다. 그 화면에 노출되지 않은 수많은 경제기사들이 있다는 생각조차 하지 못한다.

예를 들면 종이신문의 중요한 부분 중 하나가 전문가 칼럼이다. 인터넷에서도 해당 칼럼을 검색하면 볼 수는 있지만, 쉽게 뉴스를 접하는 포털사이트에서는 신문사 외부필진들이 쓴 칼럼들을 메인에 잘 노출시키지 않는다. 그래서 이런 칼럼들은 우리가 일부러 검색하지 않는 이상 찾아볼 일이 거의 없다.

반면에 종이신문은 다르다. 종이신문은 1면부터 시작해서 직접 하나하나 넘기면서 기사를 읽기 시작한다. 신문에 실린 모든 기사를 읽을 필요는 없지만, 신문에 실린 기사의 헤드라인 정도는 하나하나 읽어가며 기사를 읽을지 말지 결정하게 된다. 그리고 그 짧은 헤드라인을 통해서 기사의 대략적인 내용을 파악할 수 있다. 우리나라의 경제성장률이 높은지 낮은지, 미국 증시가 호황인지 불황인지, 중국인 여행객들이 우리나라를 많이 찾고 있는지 아닌지 등 기사 내용을 굳이 읽지 않더라도 헤드라인 한 줄을 읽는 것만으로도 우리나라의 경제 분위기를 살필 수 있다.

경제에 대해 잘 모르면서 부동산 투자를 한다는 것은 어불성설이다. 전반적인 경제의 흐름을 익히는 것이 투자 공부보다 먼저다. 또한 공부를 시작하자마자 부동산 투자 책들을 읽었는데 어려운 경제용어들을 마주치게 되면 금방 흥미를 잃기 쉽다. 그러니 처음에는 경제신문을 쭉 읽으면서 전반적인 경제 분위기와 경제용어에 친숙해지는 시간을 가지는 편이 좋다.

어려운 단어는 넘기고
이해되는 것부터 읽어라

경제신문을 처음 읽을 때는 어려운 단어가 나와도 읽고 지나치면 된다. 그 단어가 정말 중요하다면 내일도 나오고 모레도 나올 것이기 때문이다. 그렇게 한 번, 두 번, 세 번 보다 보면 자연스럽게 단어가 익숙해지고 단어의 의미도 알게 된다. 그러니 처음부터 경제신문을 하나하나 밑줄 쳐가면서 읽을 필요는 없다. 강남 아파트의 청약 경쟁률이 수백 대 1이라는 기사 타이틀을 본다면 '아, 강남 아파트 청약 경쟁이 엄청 치열하구나.'라고 알고 넘어가는 정도면 된다. 그러면 일단 강남 아파트 청약시장의 분위기는 대략 파악되는 것이다.

신문에는 크게 2가지 유형의 기사가 실린다. 하나는 사실을 알려주는 기사이고, 다른 하나는 그 사실을 바라보는 전문가의 생각을 다룬 기사다. 처음에 신문을 읽을 때는 사실을 알려주는 기사가 눈에 더 많이 들어올 것이다. 강남 아파트의 청약 경쟁률이 수백 대 1이라거나 지방은 미분양이 많다는 기사들이 주로 읽힐 것이다. 별로 어렵지 않은 내용이기 때문이다. 하지만 그런 기사들이 두 번, 세 번 계속 나오다 보면 이제 이 현상을 바라보는 전문가들의 생각이 궁금해진다. 전문가들은 주로 칼럼을 통해서 자신의 생각을 이야기하거나 짤막하게 해당 기사에 덧붙여서 인터뷰를 하는 경우가 많다. 그런 전문가들의 생각을 하나둘 접하다 보면 부동산 시장을 바라보는 시각이 자연스럽게 형성되기 시작한다.

같은 현상을 두고서 어떤 전문가는 '지금이 부동산을 살 때'라고 판단하고, 다른 전문가는 '지금 부동산은 버블'이라고 이야기한다. 그러면 두 전문가의 인터뷰를 읽으면서 자기 생각과 자연스럽게 비교하기 시작한다. '나는 더 올라갈 것 같아.'라든지 '그래, 이제 부동산은 오를 만큼 올랐지.'와 같이 자신의 생각이 정리되는 것이다. 근거는 없더라도 자기만의 생각이 하나둘 생기기 시작하면 그때부터 진짜 공부가 시작되는 것이다. 다른 전문가들의 주장을 비교하면서 내 생각의 근거를 찾아보고, 근거가 맞는지 알아보기 위해 인터넷을 검색하거나 책을 찾아보기 시작한다. 그 과정에서 자연스럽게 공부가 된다.

경제신문을 통해
온 가족의 투자 IQ가 높아진다

아버지와 나는 종합일간지 하나와 경제신문 하나로 총 2개의 신문을 구독하고 있다. 종합일간지로 세상이 어떻게 돌아가고 있는지를 파악하고, 경제신문을 통해 우리나라 경제에 대한 전문적이고 구체적인 이야기를 살핀다. 신문을 읽으면서 중요하다고 생각하는 기사에는 빨간 펜으로 표시해두어 다른 가족 구성원들이 좀 더 관심을 가지고 볼 수 있도록 공유하기도 한다. 그리고 그 기사에 대해서 어떻게 생각하는지 이야기를 나눈다. 그렇게 온 가족이 신문을 구독하며 경제에 대한 이야기를 나누다 보면 자연스럽게 경제에 대한 관심을 지속적으로 가지게 된다. 이렇게 누군가 같이하는 사람들이 옆에 있으면 공부를 오래하기가 더 쉽다.

정리해보면, 일단 경제신문을 어떤 형태로든 보는 것이 중요하다. 그것이 포털사이트든 앱이든 경제에 대한 다양한 정보를 지속적으로 살펴봐야 한다. 비교해보자면 경제신문은 종이신문이 더 좋다. 콩나물 시루에 물을 주고 나면 물은 온데 간데 없이 사라져도 콩나물은 자라고 있다. 경제뉴스도 처음에는 별 느낌이 없을 것이다. 그러다 몇 달이 지나면 대략적인 분위기가 파악된다. 용어가 익숙해지고 경제 흐름이 어떤지 알게 된다. 부동산 투자는 거기서부터 시작된다. 관심을 갖는 것, 그리고 그 관심이 끊기지 않고 지속되게 하는 것. 그러면 실력은 저절로 늘어날 것이다.

신문 스크랩을 하면
좋은 이유

대부분의 사람들은 신문을 읽기는 해도 스크랩까지는 하지 않는다. 내 경험에 비추어보면 신문 스크랩을 할 것을 권한다. 중요하다고 생각하는 기사들을 모아서 나만의 스크랩북을 만들어갈수록 나의 실력도 점점 쌓이게 된다. 신문 스크랩의 장점은 크게 3가지가 있다.

첫째, 신문기사를 그냥 흘려 읽지 않는다. 매일매일 수도 없이 나오는 신문기사를 읽다 보면 어느새 아무 생각 없이 읽게 된다. 스크랩을

| 좌 : 책장을 꽉 채운 스크랩 노트 | 우 : 스크랩 노트 내부 |

하면 그 수많은 기사들 중에서 중요한 기사와 중요하지 않은 기사가 무엇인지 자신만의 기준으로 분류할 수 있다. 이 과정에서 신문기사를 좀 더 주의 깊게 읽는 효과가 있다.

둘째, 기사의 성격을 좀 더 심층적으로 알게 된다. 정부에서 새로운 부동산 정책을 발표하면 신문들은 저마다의 관점으로 부동산 정책에 대한 기사를 쏟아낸다. 이때 신문사마다 어떤 입장을 취하는지, 입장이 어떤 식으로 변화하는지가 보인다. 또한 정책을 다룬 기사는 저마다 부동산 전문가들의 견해를 함께 다루면서 정책에 대해 평가하는데, 시간이 지남에 따라 같은 전문가의 입장이 어떻게 변화하는지 비교해보면 언론에서 부동산 시장을 바라보는 관점을 파악할 수 있다. 현실과 기사에서 묘사되는 모습에 어떤 괴리가 있는지까지 파악할 수 있다면 기사를 제대로 읽는 것이다.

셋째, 기사 스크랩을 오랫동안 하면서 일정 기간이 지나면 부동산 시장의 흐름이 통시적으로 정리된다. 부동산 투자에서 중요한 요소 중 하나가 시장의 흐름을 읽는 것인데, 사실 이는 전문가도 쉽지 않다. 과거가 반복되는 듯하면서도 완전히 똑같이 반복되지는 않기 때문이다. 신문 스크랩을 통해서 경제 상황과 그에 따른 정부의 정책을 쭉 정리해간다면 추후 부동산 시장의 흐름을 판단하는 데 큰 도움이 될 것이다.

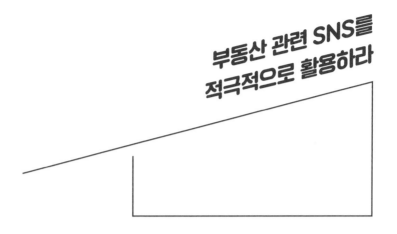

부동산 관련 SNS를 적극적으로 활용하라

경제신문을 통해 경제용어에 친숙해지고 부동산에 대한 관심을 키워나가다 보면 정보에 대한 갈증이 커지기 시작한다. 신문에 나오는 기사들은 주로 현상 자체를 다루기 때문에 '깊이' 면에서 아쉬움을 남기기 마련이다. 그런 갈증을 해소해줄 수 있는 정보나 지식을 얻을 수 있는 좋은 공간이 있다. 바로 SNS다. SNS에는 다양한 사람들이 있다. 엄청난 실력을 갖춘 재야의 고수를 비롯해서 나와 비슷한 수준을 가진 사람까지 모든 사람들이 한데 어울려 의견을 주고받는 커뮤니티가 바로 블로그, 카페, 유튜브 같은 SNS다.

부동산을 주제로 하는
블로그, 카페, 유튜브

부동산에 대한 정보와 지식을 얻을 수 있는 SNS로는 크게 블로그, 카페, 유튜브가 있다. 일단 블로그부터 살펴보자. 블로그는 운영자가 자유롭게 자신이 쓰고 싶은 글을 쓰는 공간이다. SNS 중에서도 특히 블로그를 통해 부동산에 대한 정보를 나누는 사람들이 많다. 부동산 애널리스트부터 투자 컨설턴트, 중개사까지 다양한 사람들이 자신의 블로그를 통해 정보를 올린다. 실제로 몇몇 유명한 블로거들은 자신이 블로그에 쓴 글을 바탕으로 책을 내기도 하니 양질의 콘텐츠도 꽤 많은 편이다. 그와 반대로 상업적인 비즈니스를 목적으로 블로그를 활용하는 경우도 상당히 많기 때문에 이를 잘 걸러내는 것이 중요하다.

블로그에서 정보를 얻고자 한다면 가장 먼저 해야 하는 일이 참고할 만한 블로그를 찾아내는 것이다. 해당 블로거가 그동안 써놓은 글들을 읽어보고 도움이 된다고 판단되면 그 블로거와 이웃을 맺으면 된다. 그러면 새 글이 올라올 때마다 알림이 뜬다. 10개의 블로그를 찾으면 매일 1개씩 새로운 글을 접할 수 있을 테니 많은 도움이 될 것이다.

다음에는 카페에 대해 살펴보자. 블로그가 1인이 운영하는 것이라면 카페는 카페 구성원들이 함께 만들어가는 공간이다. 제법 규모가 큰 카페는 운영자 외에 멘토나 필진으로 다양한 전문가를 섭외해놓는 경우가 많다. 이들은 카페에 자신의 칼럼을 카페에 올림으로써 부동산에 대해 아직 잘 모르는 사람들에게 지식과 정보를 나누어준다. 카페는 '우리끼리'라는 연대감이 있기 때문에 카페 구성원들끼리 소통이 활발하다. 이것이 블로그와 가장 큰 차이점이다.

블로그가 블로그 운영자와 블로그 방문자 간의 일대다 소통이라면, 카페는 카페 구성원들이 모두 함께 소통하기 때문에 궁금한 것들에 대한 지식과 정보를 얻기가 더 수월하다. 예를 들어 '반포 아크로리버 전망이 궁금하다'는 글을 블로그에 남길 경우, 블로그 운영자가 바쁘거나 상담을 해주지 않는다면 답을 얻지 못할 가능성이 크다. 반면에 카페에서는 반포 아크로리버에 살고 있는 실거주자부터 투자를 한 사람, 더 나아가 부동산에 대해 좀 안다는 사람들이 자기 생각을 말해줄 가능성이 높다. 물론 신원이 보증된 것은 아니기에 신뢰성에 한계가 있을 수는 있지만, 어느 정도는 참고할 만한 정보를 얻을 수 있다고 생각한다.

마지막으로 유튜브에 대해 살펴보자. 유튜브는 블로그나 카페처럼 정보가 아직까지 많이 축적되어 있지는 않다. 그래도 직접 강연을 듣는 것 같다는 장점이 있다. 유튜브 영상을 제작하는 사람은 영상을 찍기 위해 강연자료를 철저하게 준비하기 때문에, 블로그나 카페의 글보다는 훨씬 무게감이 있다. 또한 영상을 통해 자신의 얼굴을 드러내는 경우가 많기 때문에 신뢰가 간다. 자신이 했던 오프라인 강의를 그대로 찍어서 올리는 전문가들도 있다. 블로그와 같이 운영자와 일대다 구조로 소통한다는 점은 단점이 될 수 있지만, 실시간 방송을 통해 직접 대화하듯이 이야기할 수 있다는 것은 가장 큰 장점이다.

이처럼 SNS를 활용한다면 신문에서만 얻기에 부족했던 부동산에 대한 구체적이고 다양한 정보를 추가적으로 얻을 수 있다. 신뢰할 만한 블로그를 찾아서 꾸준히 구독하고, 카페를 통해 궁금증을 해결하며, 글을 읽는 게 지루하게 느껴질 때 유튜브 영상을 통해 부동산 공부를 한다면 쉽고 재미있게 부동산 투자를 위한 실력을 쌓아나갈 수 있을 것이다.

부동산 공부를 할 때 추천할 만한 SNS

블로그 1 : 독일병정의 세상사는 이야기(blog.naver.com/kjm2336)
인테리어 업종에 종사하고 있는 블로거가 운영하고 있다. 부동산 정보를 비롯해 타 부동산 블로그에서는 얻기 어려운 주택 리모델링에 대한 정보를 얻을 수 있다.

블로그 2 : 빠숑의 세상 답사기(blog.naver.com/ppassong)
부동산 투자 책만 5권을 쓴 저자가 운영하는 블로그로, 부동산에 대한 다양한 자료와 정보가 주기적으로 올라오고 있다. 6만 명이 넘는 블로그 이웃 수가 얼마나 방대한 자료가 있는지를 보여준다.

카페 1 : 텐인텐(cafe.daum.net/10in10)
'10년 10억 만들기'라는 목표를 가진 카페로, 재테크에 대한 다양한 정보가 있다. 규모도 상당히 커서 굉장히 활성화되어 있을 뿐만 아니라 부동산, 주식, 생활비 절약 등 다양한 주제로 많은 사람들과 소통할 수 있다.

카페 2 : 부동산 스터디(cafe.naver.com/jaegebal)

'붇옹산'이라는 필명을 가진 부동산 전문가가 운영하는 카페로, 메뉴가 지역별로 분류되어 있어 관심 있는 지역의 부동산 정보를 얻기가 좋다. 부동산에 대한 뉴스를 비롯해 다양한 정보가 업데이트되고 있으므로 부동산에 대한 최신 정보를 얻기 좋다.

유튜브 1 : 부동산 읽어주는 남자

(www.youtube.com/channel/UC2Qe HNJFfuQWB4cy3M-745g)

30대에 아파트 30채의 주인이 된 전직 삼성맨이 알려주는 부동산 투자 유튜브다. 군더더기 없이 깔끔하게 진행하며 Q&A 형식으로 진행되는 콘텐츠도 있어 궁금증을 해결할 수 있다는 장점이 있다.

유튜브 2 : 아포유

(www.youtube.com/channel/UCK6bIuN3aDIV 4F53QQ4__Ng)

『대한민국 아파트시장 인사이트』의 저자가 운영하는 부동산 유튜브 채널로 부동산 뉴스, 정보, 책, 이슈가 되는 것들에 대한 생각을 이야기한다. 흥미로운 주제로 다양한 이야기를 하고 있어 부동산에 관심 있는 사람이라면 도움이 많이 될 것이다.

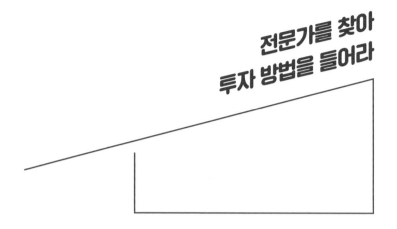

전문가를 찾아 투자 방법을 들어라

경제신문을 읽고, SNS를 활용해 지식과 정보를 충분히 접하고 있다면 이제 옥석을 가려야 한다. 사실 요즘은 정보가 없는 게 문제가 아니라 정보가 오히려 너무 많아서 문제가 되는 시대다. 특히 익명성이 보장되는 인터넷상에서 무한대로 퍼져나가는 글 중에서도 좋지 않은 글이 좋은 글을 가리는 경우가 많다. SNS를 활용해 부동산 정보를 얻는 사람들은 어느 정도 공감이 될 것이다. 누가 운영하는지도 모르는 매체에 올라온 정보를 그대로 받아들이기에는 사실 위험한 점도 있다.

신뢰할 수 있는 제도권 내의
부동산 전문가를 찾아라

저급 정보를 줄이고 양질의 정보를 얻기 위해서는 전문가를 찾아야 한다. 여기서 말하는 전문가란 제도권 내에서 활동하고 있는 사람을 말한다. 은행이나 증권사에서 부동산 관련 업무를 하고 있거나 부동산업계에서 일하는 컨설턴트, 부동산학과 교수, 기타 자신의 신원을 밝히고 활동하는 부동산 전문가 말이다.

이들을 만날 수 있는 가장 일반적인 방법은 다음과 같다. 은행이나 증권사의 전문가들은 해당 은행의 일정 조건을 충족시키면 상담을 받을 수 있다. 우리 가족이 이용하고 있는 KB국민은행의 경우, KB금융 관련 계열사의 이용실적을 통합해 VIP를 선정하는데 VIP에 선정되면 지점을 통해 1:1 상담을 신청할 수 있다. 그러면 KB국민은행 소속의 부동산 전문가와 직접 상담이 가능하다.

은행이나 증권사가 아닌 부동산 컨설팅회사의 컨설턴트들은 그들이 속해 있는 컨설팅회사에 가서 컨설팅 비용을 지불하면 만날 수 있다. 컨설턴트의 명성에 따라 상담료는 천차만별이고, 컨설턴트에게 물건을 추천받아 투자가 이루어질 경우 매매가의 일정 부분을 자문료로 지불해야 한다. 주의할 점은 부동산 컨설팅회사의 컨설턴트들은 실력이 천차만별이니 실력을 잘 가늠하는 것이 중요하다는 것이다. 형편없는 경우도 의외로 많다.

돈이 없어도, 돈을 내지 않아도
부동산 전문가를 만날 기회는 많다

꼭 비싼 값을 치러야만 부동산 전문가를 만날 수 있는 것은 아니다. 무료로 전문가를 만날 수 있는 기회가 충분하기 때문이다. 일단은 투자 박람회에 참석하는 방법이 있다. 종합일간지와 경제신문사에서는 매년 정기적으로 투자 박람회를 개최한다. 이 투자 박람회에는 건설회사와 호텔, 오피스텔 분양업체들이 부스를 차려 영업을 한다. 방문객을 끌어들이기 위해 부동산 투자 전문가들을 초빙해 강연 프로그램을 함께 진행하기도 한다. 기업에서 전문가에게 강연을 의뢰할 경우 강연료만 수백만 원에 달하는 경우도 있는데 이 투자 박람회에 사전 등록해 참석하면 누구나 강의를 무료로 들을 수 있다. 언론사에서 주최하는 프로그램도 신문을 구독하지 않아도 무료로 참석이 가능하다. 그러니 이런 박람회에 대한 정보를 잘 찾아 꼭 참여해보자. 강연을 직업으로 하는 사람들이므로 강연 수준이 높아 공부하는 데 많은 도움이 될 것이다.

1년에 한 번씩 하는 투자 박람회를 기다릴 수 없다면 경제TV를 찾아보는 것도 하나의 방법이다. 경제TV에서는 부동산 컨설팅회사의 컨설턴트를 출연시켜 부동산 프로그램을 진행한다. 보통 부동산 프로그램에서는 컨설턴트의 부동산 투자 특강을 하거나 실제 투자자들을 상대로 전화 상담을 한다. 방송을 꼬박꼬박 본다면 많은 도움이 된다. 전망이 궁금한 아파트가 있으면 누구나 전화 상담을 신청해 무료로 상담을 받을 수 있으니 크게 부담 가질 필요가 없다. 물론 상담전화를 남긴다고 모든 사람이 상담받을 수 있는 것은 아니지만 끈기를 가지고 계속 신청하다 보면 연결될 수 있으니 잘 되지 않는다고 실망할 필요는 없다.

이런 방송을 이용해 부동산을 공부할 경우 주의할 점이 있다. 방송에 출연하는 부동산 컨설턴트들은 모두 자신의 비즈니스를 위해 출연한다는 것이다. 선의를 베풀고자 봉사 차원에서 방송에 나와 정보를 제공하는 것이 아니라는 말이다. 이들은 자신의 고객을 확보하기 위해 상담 서비스를 하는 것이라는 점을 잊어서는 안 된다. 지나치게 상업성을 띠고 상담하는 사람도 많고, 실력이 없는데도 영업을 하기 위해 방송 출연을 하는 경우도 있다. 방송을 오랫동안 지켜보면서 신뢰할 만한 전문가인지 판별하는 것이 중요하다.

방송에 나오는 전문가들의 상담을 몇 달간 쭉 듣다 보면 이들의 논리가 조금씩 보이기 시작한다. 같은 아파트를 두고 가격이 오를지 떨어질지 의견 차이가 생기면 더욱 분명하게 그들이 가진 투자 논리가 드러나는데, 각자의 의견을 잘 듣고 자신이 타당하다고 생각하는 전문가를 찾아내는 것이 중요하다. 그렇지 않으면 전문가들의 이 장단 저 장단에 춤추다가 자신의 투자 철학을 정립하는 데 어려움을 겪을 수 있다.

일단은 가장 마음에 드는 전문가를 한 명 선택해서 그 전문가의 논리를 계속 따라가보는 것이 좋다. 방송에서 해당 전문가가 아파트에 대한 전망을 내다볼 때 자기 생각과 크게 다르지 않을 때까지 이 작업을 계속 해나가야 한다. 1년 정도 꾸준히 하다 보면 어느 순간 의견이 거의 일치하게 된다. 그들의 논리가 나에게 학습된 것이다. 이 정도 수준까지 이르면 이제 새로운 전문가를 찾거나 다른 방법으로 성장을 도모할 시기가 온 것이다.

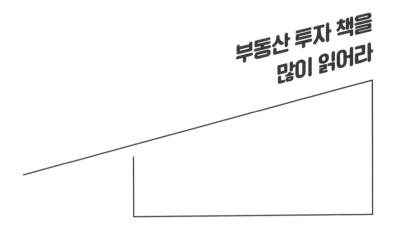

부동산 투자 책을 많이 읽어라

2017년 우리나라 성인의 연평균 독서량은 10권이라고 한다. 한 달에 책 1권도 읽지 않는 것이다. 회사 다니랴, 취미 활동하랴, 아이 돌보랴, 쉴 시간도 없이 바쁜 건 이해한다. 책 읽을 시간을 내기도 쉽지 않지만 책은 무언가를 배우는 데 정말 좋은 도구다.

나는 뭔가 궁금한 게 생기면 책부터 찾아본다. 예를 들어 경매를 어떻게 하는지 궁금하면 부동산 경매와 관련된 책을 5권 이상 읽는다. 책을 그만큼 읽으면 경매에 대해 어느 정도 알 수 있다. 실제로 나는 그렇게 공부해 경매 물건을 낙찰받았다. 책만 읽어도 충분히 가능하다.

누군가의 평생 노하우가 담긴 것이
바로 책이다

책을 읽는 사람이 아닌 책을 쓰는 사람의 입장에서 생각해보자. 책이 한 권 나오려면 얼마나 많은 노력이 필요한지 아는가? 책을 쓸 주제를 하나 정해서, 그 주제에 관해서 A4용지 100장에 가까운 분량을 써야 한다. 예를 들어 대한민국 부동산 전망에 대한 책이라고 가정해보자. '대한민국 부동산은 이럴 것이다.'라고 한두 줄 쓴다고 되는 것이 아니다. 자, 내가 책을 쓴다고 생각해보자. 대한민국 부동산 전망에 대해 A4용지 100장을 무슨 내용으로 채울 것인가? 100장을 채워넣으려면 자신이 알고 있는 모든 것을 쏟아내야만 할 수 있다.

단순히 분량만 채운다고 되는 문제도 아니다. 기왕 책을 쓰면 책이 많이 팔려 베스트셀러가 되는 것을 꿈꾸지 않겠는가? 책을 쓰는 사람 치고 베스트셀러 작가가 되기를 원하지 않는 사람은 없다. 그런데 단순히 분량만 채운다고 베스트셀러가 될 가능성이 있겠는가? 정말 좋은 내용을 써야 많이 팔려서 베스트셀러가 될 수 있을 것이다. 그러면 좋은 내용이란 대체 무엇일까? 자신의 경험에서 나오는 투자 노하우라든지, 자신이 발견한 비밀 법칙, 자신만이 알고 있는 정보 등이 유용한 내용에 속한다고 할 수 있다. 그런 정보를 쉽고 재미있게 써야 베스트셀러에 오를 만한 하나의 자격을 갖춘 원고가 된다.

서점에 가면 책이 너무 많다 보니 책의 가치를 경시하는 경향도 있는 게 아닌가 싶다. 책을 쓰는 사람의 입장에서 책 1권을 내려면 자신의 모든 것을 몇 개월간 쏟아부어야 한다. 수년간의 경험, 수십 년의 노하우, 나만 알고 있는 특급 정보가 담긴 것이 바로 책이라는 말이다. 그런데 이런 책을 읽지 않는다는 것은 바보 같은 짓이다. 누군가 수십 년에 걸쳐 쌓은 노하우를 평균 2만 원도 안 되는 가격을 투자해 며칠만 읽으면 자기 것으로 만들 수 있는데 책보다 더 좋은 수단이 어디 있다는 말인가. 부동산 공부를 할 때도 책을 적극적으로 활용하자.

어떤 책을 읽어야 할지 모르겠다면
베스트셀러부터 읽자

책을 읽어야겠다는 생각이 든다면 다음으로 하는 고민은 무슨 책을 읽어야 하는가다. 요즘 책을 쓰는 사람도 많고 그만큼 부동산 관련 책들이 수도 없이 나와 있다. 이 많은 책들 중에서 어떤 책을 골라야 할지 고민이 될 수밖에 없다. 나는 이런 사람들에게 기본적으로 베스트셀러를 보라고 이야기한다. 베스트셀러는 단순히 책이 많이 팔렸다는 의미라서 책의 내용과는 상관없이 마케팅에 따라 영향을 받을 수밖에 없지만 그래도 많이 팔린 책들은 나름대로의 이유가 있다. 저자가 명성이 있다거나, 책의 내용이 아주 쉬워서 이해가 잘 된다거나, 누구나 투자할 수 있다는 희망을 준다거나, 정말 날카로운 통찰력을 담았다거나. 이런 요소를 하나 정도는 가지고 있는 경우가 많다. 어떤 책을 읽어야 할지 판단이 서지 않는다면 베스트셀러부터 살펴보자.

베스트셀러를 보다 보면 부동산 투자에도 분야가 다양하다는 것을 알게 된다. 어떤 책은 재건축을 다루고, 어떤 책은 경매에 대해 다루고 있다. 또 어떤 책은 부동산 시장에 대한 전반적인 흐름과 전망을 이야기한다. 이런 분야에 대해서는 본인이 가장 관심 있는 분야를 선택하기를 바란다. 본인이 가장 관심 있는 분야를 알아야 흥미를 잃지 않고 계속 공부해나갈 수 있다. 처음부터 관심도 없고 어려운 분야를 공부하면 중도에 포기할 가능성이 높다.

관심이 가는 분야가 딱히 없다면, 경매에 대한 책부터 읽을 것을 권한다. 부동산 경매에 관한 책은 보통 2가지 특징이 있다. 첫째는 저자가 굉장히 경제적으로 어려운 상황에서 경매를 시작한 경우가 많다는 것이고, 둘째는 소액으로 할 수 있다는 것이다. 이 2가지 특징은 부동산 투자를 처음 하는 사람들에게 공감을 일으키기가 쉽다. 우여곡절 끝에 몇 채의 부동산을 갖게 된 스토리는 그 자체가 하나의 드라마 같다. 굉장히 흥미로울 뿐만 아니라 나 자신도 해낼 수 있다는 희망을 주고 동기부여가 된다. 또한 소액으로도 접근할 수 있는 경매는 직접 투자를 실천하는 것에 대한 망설임을 줄여준다. 그래서 부동산 투자 책을 처음 읽을 때는 부동산 경매에 관한 책을 먼저 읽을 것을 권한다.

부동산 경매에 관한 책을 읽었다면 그다음에는 자연스럽게 부동산 전망에 대한 책에 관심이 갈 것이다. 지금 이 시점에 경매로 부동산을 사도 될지 고민 되기 때문이다. 그렇게 한 권 두 권 부동산 투자 책들을 보다 보면 어느새 부동산 시장을 바라보는 자기만의 시각을 갖게 되고 투자 스타일도 정립되어 간다.

혼자 책을 읽는 것이 어렵다면 독서 모임을 만들어서 읽는 것도 하나의 방법이다. 앞서 설명했던 SNS를 통해 함께 부동산 책을 읽고 토론하는 모임을 만드는 것이다. 공통의 관심사를 가지고 모였기 때문에 대화도 잘 통하고, 서로에게 배우는 것도 많다. 계획을 짜서 함께 커리큘럼을 만들어나가기 때문에 계속 미루면서 책을 읽지 않는 행동을 사전에 방지할 수 있다. 평소에 독서량이 많지 않은 사람이라면 SNS을 통해 모임을 만들어 책을 읽고 함께 공부해보자. 혼자서 공부할 때보다 훨씬 효율적으로 할 수 있을 것이다.

추천 투자도서

『부자 아빠 가난한 아빠』
부동산 투자를 하는 사람이라면 반드시 읽어야 하는 책이라고 생각한다. 재테크 분야에서 베스트셀러이자 스테디셀러이며 전 세계적으로도 많이 팔린 책이다. 부동산 투자의 기본적인 마인드를 정립할 수 있는 책이니 꼭 읽어볼 것을 권한다.

『부동산 투자의 정석』
제목 앞에 '10년 후에도 변하지 않을'이라는 수식어를 붙인 이 책은 우리나라에서 부동산 투자를 어떻게 해야 하는지를 잘 보여준다. 일부 부동산 책들이 지나치게 수익을 강조함으로써 다소 자극적인 내용을 담고 있다면 이 책은 흰쌀밥과 같다고 할 수 있다. 부동산 투자를 하는 데 꼭 필요한 내용이 많이 담겨 있으므로 읽어보면 좋다.

『부동산 투자 100문 100답』

2천만 원으로 시작해 아파트 260채 이상을 가진 저자가 쓴 부동산 투자 책이다. 100문 100답이라는 형식을 취해서 부동산 투자에 대한 다양한 궁금증을 풀어주고 있어 저자가 가진 투자 철학을 보다 분명하게 이해할 수 있다. 책 읽기가 서툰 사람도 하루에 1개의 질문씩 읽는다면 부동산 투자에 대한 안목을 키울 수 있을 것이다.

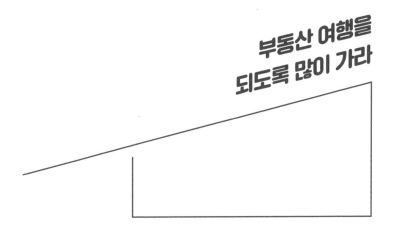

부동산 여행을
되도록 많이 가라

이론에 대한 공부가 어느 정도 되었다면 이제 부동산을 많이 보는 것
이 중요하다. 글로만 배워서는 연애를 할 수 없듯이 부동산 투자 역시
글로만 배워서는 수익을 얻을 수 없다. 그러니 책에서만 보던 다양한
형태의 부동산을 이제 실제로 찾아봐야 한다. 그런 과정을 통해 책에
나온 내용과 현실의 차이를 느낄 수 있다. 그 지역의 분위기는 현장에
직접 가보지 않으면 알기가 어렵다. 글로만 접하던 부동산을 실제로
보면서 이론과 실제를 접목시키는 작업은 투자 내공을 키우기 위해
꼭 필요한 과정이다.

첫 번째 부동산 답사지역은
살고 있는 지역부터

부동산 답사를 처음 시작할 때는 내가 살고 있는 집 주변부터 시작하면 된다. 거주지가 아파트라면 아파트들의 가격 차이를 살펴보고, 빌라에 살고 있다면 요즘 신축 빌라는 가격이 어떻게 되는지, 주변에서 얼마나 짓고 있는지 등을 살펴보는 것이다. 단독주택에 살고 있다면 오래된 주택과 신축 주택의 가격 차이를 알아보고 임대료 차이도 함께 알아보면 좋다.

그렇게 살펴보면 동네의 대략적인 땅값도 알게 되고, 우리 동네에서는 어느 지역이 노른자위 땅인지, 가격은 얼마나 하는지 알게 될 것이다. 중개사무소를 돌아다니다 보면 괜찮은 투자 물건을 권유받을 수도 있고, 그 권유받은 투자 물건을 평가해볼 기회도 생긴다. 이 가격이라면 저렴한 물건인지, 투자수익률은 얼마나 기대할 수 있는지 실제로 공부했던 내용을 토대로 계산해보는 것이다. 계산해보니 정말 저렴하고 투자가치가 높은 데다 투자할 자본이 있다면 투자까지 시도해볼 수 있다.

내가 살고 있는 지역에 대한 탐색이 끝나면 주변 지역을 살펴보자. 영역을 조금씩 넓혀가는 것이다. 주변 지역까지 보다 보면 내가 살고 있는 지역과 옆 동네의 차이가 느껴지기 시작한다. 우리 동네가 더 좋은 줄 알았는데 옆 동네가 땅값이 더 비싸다든가, 우리 동네 아파트 값과 옆 동네 아파트 값이 얼마나 차이가 나는지가 보인다. 서서히 지역

간 비교가 가능해지는 것이다. 지역 간 비교가 가능해지면 내가 살고 있는 지역이 고평가된 상태인지, 저평가되어 있는지 구분할 수 있다. 예를 들어 내가 살고 있는 동네가 옥수동인데, 옥수동의 아파트 값이 아무리 올라가도 다리 건너 압구정동 아파트 값보다 비쌀 수는 없을 것이다. 그러면 자연스럽게 이 두 동네의 아파트 값 차이는 얼마가 적절한지 궁금증이 생기고 그에 대한 고민을 시작할 것이다. 그 고민에 대한 자신의 답을 찾을 때 이제 옥수동과 압구정동 사이의 가격 차이에 따라 옥수동이 저평가되었는지, 고평가되었는지 가늠할 수 있게 된다.

신문에 대서특필된
지역에 가보라

인근 지역까지 어느 정도 탐색이 끝났다면 이제는 내가 가고 싶은 지역을 가보면 된다. 우리 가족의 경우 신문에서 어느 지역에 역전세난이 일어났다는 기사가 나면 그 동네에 갈 계획을 세운다. 가족들과 협의해서 일정을 조정하고, 나는 중개사무소 몇 군데에 매물을 보고 싶다고 연락해놓는다. 근처 가볼 만한 곳이나 맛집도 함께 검색한다. 그렇게 가족 나들이에 나선다. 직접 가보면 신문에 나온 기사가 정말 사실인지, 사실이 아니라면 얼마나 왜곡되어 보도된 건지, 현지 분위기는 어떤지 등을 피부로 느낄 수 있다. 이것이 정말 중요하다. 기사에서만 다뤄지는 것을 실제로 가서 알아보는 것 말이다. 언론은 이슈가 될 만한 것, 다소 자극적인 내용을 다루기 때문에 현지 분위기와 기사 내용은 다소 차이가 있는 경우가 종종 있다. 기사를 보고 뭔가 호기심이 생기거나 직접 확인해보고 싶다는 생각이 들면 그 지역에 직접 가보는 것도 좋다.

우리 가족은 그런 식으로 가족 여행을 계획한다. 흥미로운 기사에서 언급한 곳이나 인터넷에 공개된 매력적인 투자 물건이 있으면 온 가족이 여행을 간다고 생각하고 함께 움직인다. 그러다 보니 연고가 전혀 없는 곳들도 많이 가게 된다. 마곡, 내발산동, 가양동, 풍납동, 잠실동, 삼전동, 송파동, 판교, 안산, 의정부, 송도, 청라, 부평, 부천, 평택, 대전, 세종 등등 전국 곳곳을 다닌 것 같다. 오피스텔도 보고, 빌라도 보고, 복층 아파트도 보고, 단독·다가구주택도 본다. 이게 다 경제 공부가 된다고 생각하고, 가족 여행이라고 생각하면 정말로 즐거운 일이 된다.

부동산 투자 여행은
부동산 공부의 또다른 기회다

자녀가 있는 가정이라면 더더욱 부동산 투자 여행을 가라고 권하고 싶다. 가족들과 즐거운 시간을 보낼 수 있고, 자연스럽게 돈 공부도 할 수 있는 좋은 기회가 되기 때문이다. 물론 부동산 투자 여행을 간다고 해서 그 지역에 모두 투자를 고려할 필요는 없다. 거리가 너무 멀면 관리의 어려움이 있기 때문에 실제로 투자까지 이어지기는 쉽지 않다. 그런데도 그 지역의 부동산을 직접 가서 보는 이유는 다양한 부동산들을 보는 것만으로도 큰 공부가 되기 때문이다. 직접 가서 보면 별별 부동산이 많아 깜짝 놀라게 될 것이다.

실제로 겪은 재미있는 사례를 소개해보겠다. 부동산을 사는 데 오히려 돈을 얹어주는 경우가 있었다. 부동산의 매매가가 10억 원 정도 되는 다가구주택이었는데 그 부동산을 구입하면 오히려 매수자한테 현금을 2천만 원 정도 준다고 했다. 집도 주고 현금도 주는 부동산 거래인 셈이다. 참 신기하지 않은가? 이런 부동산이 정말로 존재한다. 물론 흔하지는 않다. 다만 당신의 상상을 초월하는 부동산이 늘 있다는 것을 알았으면 한다. 발품을 팔지 않으면 절대 겪어볼 수 없는 물건들이다.

부동산 투자는 기본적으로 발품이 중요하다. 발로 많이 뛰는 사람이 좋은 물건을 찾을 확률이 높아진다. 많은 부동산 투자자들이 찾고 있는 저렴한 물건, 급매 물건, 좋은 물건들은 인터넷에 잘 올라오지 않는다. 중개사가 자기만 가지고 있다가 정말 살 것 같은 사람에게만 브리핑하는 경우가 적지 않다. 또한 집을 내놓는 사람 입장에서도 자신의 집이 온 동네 부동산에 올라와 소문나는 것을 꺼리기 때문에 인터넷에 올라오는 물건은 정말 일부에 불과하다.

그래서 부동산 투자는 발품을 많이 팔아야 성공할 확률이 높아지는 것이다. 물론 좋은 물건을 알아보는 기본적인 안목은 있어야 한다.

앞서 다양한 부동산 공부법을 통해서 이론적 지식을 쌓았다면 충분히 좋은 부동산을 구별해낼 수 있을 것이다. 이제 남은 것은 자기에게 맞는 부동산을 찾는 것뿐이다. 그렇게 자기에게 맞는 부동산에 투자를 하면 부동산 투자자로서의 첫발을 멋지게 내딛는 것이다.

부동산은 정부 정책에 따라 투자 방향이 바뀔 수 있어 정책에 잘 대응하는 것이 중요하다. 문재인 정부는 과열된 부동산 시장을 강력하게 규제하는 모양새다. 그러나 규제 정책 속에서도 투자자들이 살 길은 있다. 지역별 개발 방향과 GTX 노선을 참고하면 투자에 도움이 될 수 있고, 임대사업자를 대상으로 제공하는 세제혜택도 활용할 수 있다.

8장

문재인 정부시대
부동산 투자 전략

서울에는 더 이상 집 지을 땅이 없다

경제학에서 가격은 수요와 공급의 법칙에 따라서 결정된다. 수요가 많고 공급이 적으면 가격이 올라가고, 수요가 적고 공급이 많으면 가격이 내려간다. 이런 수요와 공급의 법칙을 좀 더 쉽게 이야기하면, 결국 희소한 물건일수록 가격이 비싸진다는 말이 된다.

부동산 시장에서도 이 법칙은 그대로 적용된다. 일시적으로 어떤 지역에 아파트 물량이 많아지면 아파트의 매매가와 전세가가 하락하고, 어떤 지역에 신규 아파트가 한동안 공급되지 않다가 공급되면 그 아파트 값은 주변 아파트보다 높게 형성되는 것을 발견할 수 있다. 수요와 공급에 따라 아파트 값이 움직이는 것이다.

가격이 수요와 공급 법칙의 영향을 받는다는 사실을 떠올린다면, 공급은 적고 수요가 많아지는 부동산에 투자해 쉽게 돈을 벌 수 있다고 생각해볼 수 있다. 우리 주변에서 점점 사라지고 있지만, 찾는 사람들은 점점 많아지는 그런 부동산 말이다. 도대체 그런 부동산은 어떤 부동산일까?

재건축·재개발이
진행되는 조건

주변을 살펴보자. 최근 서울에서는 재건축·재개발이 진행되면서 아파트가 많이 생겼다. 기존의 낡은 주택과 아파트 들을 밀어내고 새로운 고층 아파트를 짓는 것이다. 30층이 넘는 아파트를 보는 것은 이제 그렇게 어려운 일이 아니다. 여기서 아파트가 증가하고 있다는 사실을 알 수 있다. 물론 아파트에 대한 수요 역시 매우 높은 수준이며, 수요가 증가하는 만큼 공급량도 증가하고 있기 때문에 우리가 찾고 있는 부동산은 아니다. 우리가 찾고 있는 부동산은 공급량은 줄어들고 수요량은 증가하는 부동산이기 때문이다. 이런 특징을 간단히 표현하면 '희소성'이라고 한다.

앞서 재건축·재개발에 대해 이야기하면서 새로운 아파트를 짓기 위해서는 기존의 낡은 주택이나 헌 아파트를 없애고 그 자리에 새로운 고층 아파트를 짓는다고 했다. 즉 낡은 단독·다가구주택, 빌라 등을 없애야지만 아파트를 새로 지을 수 있다는 것이다. 왜 그럴까? 서울의 땅은 희소하기 때문이다. 서울의 땅은 넓힐 수 없다. 서울은 이미 그린벨트 지역을 제외하고 집을 지을 수 있는 땅에는 모두 집이 지어진 상태다. 그것이 단독·다가구주택이냐, 연립·다세대주택이냐, 아파트냐의 차이만 있을 뿐이다. 서울 주변 지역에 계속 신도시를 건설하는 것도 이런 이유 때문이다.

여기에 건물이 지어지는 원리를 떠올려보자. 재건축이든 재개발이든 한 가지 공통점이 있다. 바로 새롭게 지어질 집은 기존의 집보다 층수가 더 높아져야 한다는 것이다. 이는 '경제성'과 관련이 깊은데, 상식적으로 생각해보면 그리 어렵지 않다. 기존의 아파트가 30층짜리인데 이것을 헐어서 3층짜리 단독주택을 지을 수 있을까? 30층 아파트에 30가구가 거주한다고 해보면, 3층 단독주택에는 3가구가 살게 될 것이다. 그러면 도대체 단독주택의 가격이 얼마가 되어야 하는 것일까? 30층짜리 아파트를 헐어서 3층짜리 단독주택을 짓는 것은 사업성이 나오지 않기 때문에 불가능한 일이다. 아파트가 오래되었어도 재건축을 진행하지 못하는 이유가 바로 여기에 있다. 사업성이 나오지 않으니 어떤 건설회사에서도 재건축 사업을 추진하지 않는 것이다. 3층짜리 단독주택을 헐어서 30층짜리 아파트를 지어야 사업성이 나오고 그래야 재건축·재개발이 추진된다. 그 반대 상황에서는 추진되기가 어렵다.

단독·다가구주택이
답이다

'희소성'과 '경제성'을 바탕으로 앞으로 가격이 올라갈 부동산을 생각해보면 2가지 기준을 충족시켜야 한다. 일단 땅의 지분이 많아야 하고, 층수가 낮은 부동산이어야 한다. 이런 부동산은 추후 서울에 아파트를 지을 때 비싼 값에 팔 수 있다. 그것이 아파트가 아님은 이미 알고 있을 것이다. 바로 단독·다가구주택이다. 단독·다가주주택은 층수가 3층 정도에 불과하다. 게다가 주택이 들어선 땅이 전부 다 그 주택 소유주의 땅이기 때문에 땅에 대한 활용도도 높다. 앞으로 서울에 아파트가 더 들어서기 위해서는 이런 단독·다가구주택을 사서 헐지 않으면 아파트를 지을 수 없다. 기존의 아파트들은 중층 규모라 사업성이 잘 나오지 않기 때문이다.

실제로 이미 서울시의 단독·다가구주택은 많이 사라지고 있다. 다음 그래프는 국토교통부에서 공개한 서울시 멸실주택 현황에 대한 자료다. 연회색은 단독·다가구주택, 주황색은 연립·다세대주택, 진회색은 아파트의 수치다. 그래프를 보면 2010년부터 2016년까지 단독·다가구주택이 가장 많이 멸실되고 있다. 단독·다가구주택을 부숴야 연립·다세대, 아파트를 지을 수 있기 때문이다. 주택이 많이 건축된 2016년에는 무려 2만 5,052호에 달하는 단독·다가구주택이 멸실되었다. 이러한 단독·다가구주택 멸실의 결과는 서울시 주택 현황 표 자료에 잘 드러나 있다.

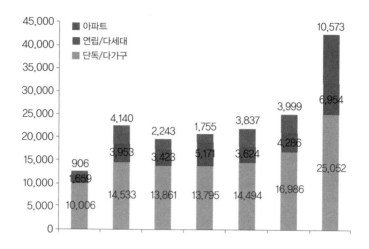

| 서울시 멸실주택 현황 |

자료 : 서울시 홈페이지

2016년 서울시 주택 현황을 살펴보면 단독·다가구주택의 비율은 31.8%, 연립·다세대주택의 비율은 22.4%, 아파트의 비율은 45%다. 단독·다가구주택을 부숴 아파트를 지을 수밖에 없는 현실을 고려하면 앞으로 단독·다가구주택의 비율은 점점 줄어들고 아파트의 비율

| 서울시 주택 현황 |

	단독/다가구	연립/다세대	아파트
호수	1,158,513	815,552	1,641,383
비율	31.8%	22.4%	45.0%

자료 : 서울시 홈페이지

은 더 높아질 것이다.

단순히 땅의 희소성과 경제성이라는 요인뿐만 아니라 베이비부머 세대의 은퇴라는 요인도 단독·다가구주택에 대한 수요를 증가시킬 것이다. 직장에서 은퇴한 많은 베이비부머들이 대체할 소득을 찾기 위해 부동산 투자에 적극적으로 나서게 되는데, 임대소득과 시세차익을 모두 가져다줄 수 있는 것이 단독·다가구주택이기 때문이다. 이러한 베이비부머의 은퇴와 맞물리면서 단독·다가구주택에 대한 수요는 증가하고, 재건축·재개발로 인한 공급은 점점 줄어들면서 앞으로 가격이 가장 많이 뛸 것으로 전망되는 부동산 상품이 바로 단독·다가구주택이다. 따라서 단독·다가구주택에 투자하는 것은 투자에 대한 실패를 줄이고 수익을 극대화할 수 있는 부동산 투자 전략 중 하나라고 할 수 있다.

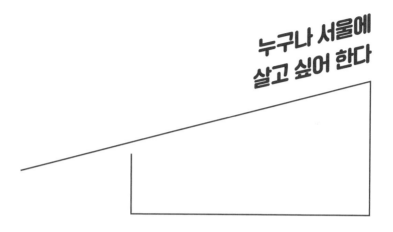

누구나 서울에
살고 싶어 한다

서울의 인구가 6년째 감소하고 있다. 서울의 높은 주거비용 때문에 서울을 벗어나 경기도로 인구가 이탈하고 있는 것이다. 누군가는 서울이 싫어서 떠난다고 말하기도 하지만, 정확히 말하면 서울이 좋아도 높은 집값에 떠날 수밖에 없는 것이다. 대한민국 경제, 정치, 문화의 수도인 서울은 굉장히 매력적인 도시임에 틀림없다.

그런데 이런 서울이 노후화되고 있다. 서울의 대표적인 관광지인 한강, 그 한강변에 위치한 여의도 아파트들은 40년을 넘어가면서 경관을 해치는 흉측한 건축물이 되었고, 서울의 도심에 위치한 세운상가 일대는 주차공간이 부족한 것은 물론 낙후된 시설로 인해 제 기능을 해내지 못하고 있다. 그동안 정부의 주요 정책이 서울의 과밀성을 해소하기 위한 신도시 건설에 집중되면서 상대적으로 도심은 발전하지 못한 것이다. 낙후된 도심이 서울뿐만 아니라 전국적으로 250곳 이상 된다고 하니 문제가 심각하지 않을 수 없다.

문재인 정부의
도시재생 뉴딜사업

도시 문제의 심각성을 깨닫고 낙후된 도심 문제를 해결하겠다는 것이 문재인 정부의 도시재생 뉴딜사업이다. 향후 5년 동안 250곳의 낙후된 도시 지역을 선정하고 50조 원을 투입해 도시를 재생하겠다는 계획이다. 즉 더 이상의 신도시 개발이 아닌 기존의 도시들을 되살리는 쪽으로 국토 개발을 하겠다는 것이다.

낙후된 도시에 주요 거점을 선정해 도시를 발전시키겠다는 계획은 2030 서울도시기본계획에도 잘 드러나 있다. 물론 이 2가지 계획이 밀접한 연관성이 있는 것은 아니지만, 부동산 투자를 어디에 해야 하는가에 대한 답을 줄 수 있어 중요하다.

2030 서울도시기본계획에 따르면 우리가 주목해야 할 지역은 3도심, 7광역 중심, 12지역 중심으로 이야기할 수 있다. 3도심이란 한양도성, 강남, 여의도·영등포를, 7광역 중심은 용산, 청량리·왕십리, 창동·상계, 상암·수색, 마곡, 가산·대림, 잠실을, 12지역 중심은 동대

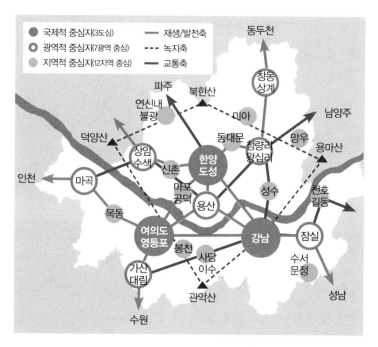

| 2030 서울도시기본계획 |

자료 : 서울시 홈페이지

문, 성수, 망우, 미아, 연신내·불광, 신촌, 마포·공덕, 목동, 봉천, 사당·이수, 수서·문정, 천호·길동을 의미한다. 이 지역들은 2030 서울도시기본계획에 따라 앞으로 변화가 일어날 지역이기 때문에 유심히 보는 것이 좋다.

앞서 말했다시피 아파트보다 단독·다가구주택을 위주로 살펴보면 더 좋을 것이다. 서울의 한정된 땅을 소유할 수 있을 뿐만 아니라 임대수익과 개발에 따른 시세차익도 기대해볼 수 있기 때문이다. 물론 아파트나 빌라 투자도 괜찮다. 오피스텔 투자는 시기와 입지를 잘 보고 판단하자. 중요한 것은 이들 지역을 중심으로 투자 지역을 살펴보자는 것이다.

주요 지역의
개발 방향을 알아보자

각 지역의 특성은 무엇이며 발전 방향은 어떻게 될까? 먼저 3도심을 살펴보자. 3도심은 한양도성, 여의도·영등포, 강남이다. 이들 지역은 서울 부동산 투자 시 고려해야 할 핵심 지역이니 반드시 알아두도록 하자. 먼저 한양도성의 경우 역사 문화 중심지로서 국제적인 문화 교류 기능을 담당할 것이다. 기존 도심의 범위를 한양도성 안으로 한정해 역사 보전에 초점을 맞추되 대한민국 수도인 서울의 경제, 행정, 문화 중심지로서의 특별한 지위를 유지하는 쪽으로 육성한다는 계획이다. 여의도·영등포는 국제금융 중심지로서의 기능을 담당할 것이고, 강남은 국제업무 중심지로서 국제기구 유치 및 MICE 산업 육성 등을 통해 다양한 국제 비즈니스 기능을 담당하게 될 것이다. 3도심이 중요한 이유는 서울의 주된 일자리가 이들 지역에서 창출되기 때문이다. 그러다 보니 자연스럽게 대중교통도 이 지역 중심으로 노선이 만들어지고, 교통축에 따라 지역이 발전하게 된다. 서울의 노른자위 땅이니 잘 기억해두자.

　두 번째는 7광역 중심이다. 7광역 중심 지역은 용산, 청량리·왕십

지역	개발 방향
동대문(도심권)	패션산업 등을 통해 다양한 창조산업 육성
망우(동북권)	지역 간 철도 교통을 기반으로 상업문화 중심 기능 집적
미아(동북권)	교통의 결절점(교통수단이 연결되는 지점)으로 상업문화 중심 기능 집적
성수(동북권)	건대입구의 대학 잠재력과 성수 준공업지역을 연계해 창조적 지식기반산업 집적지로 전환
신촌(서북권)	신촌·홍대앞 등 집적된 대학 잠재력을 활용해 다양한 창조문화산업의 거점으로 육성
마포·공덕(서북권)	공항철도를 기반으로 기존의 업무 기능을 확대
연신내·불광(서북권)	교통의 결절점으로 상업문화 중심 기능 집적 및 사회혁신창조 클러스터를 활용한 신성장산업 육성
목동(서남권)	기존의 업무 및 상업 중심의 자족 기능 확대
봉천(서남권)	행정, 산업, 문화, 대학 등의 특화된 기능의 융·복합을 통해 서남권의 복합업무 거점으로 육성
사당·이수(서남권)	동서 및 남북 간 교통의 결절점으로서의 잠재력을 활용한 고용기반 강화
수서·문정(동남권)	광역교통 기능과 연계해 업무 R&D 물류 등 복합기반 구축
천호·길동(동남권)	대규모 배후지역 개발에 따라 외곽에서 시내로 유입되는 통근교통을 흡수하는 고용기반 구축

리, 창동·상계, 상암·수색, 마곡, 가산·대림, 잠실을 말한다. 용산은 역사 도심인 한양도성 안에서 수용하기 어려운 고층의 대형 상업·업무시설을 흡수하고 한양도성과 여의도 사이에서 다양한 업무 기능을

수행한다. 청량리·왕십리는 지역 간 철도 교통의 요지로서 환승역세권이 갖는 잠재력을 활용해 상업문화 중심 기능을 발전시킬 계획이다. 창동·상계, 상암·수색 지역은 각각 서울의 동북권역과 서북권역에 고용기반시설을 구축해 지역의 자족성을 키운다. 마곡, 가산·대림 지역은 개발이 가능한 가용지를 활용해 지식기반 고용 기능을 창출할 계획이고, 잠실은 강남 도심과 연계해 MICE 산업 등 국제적 관광 쇼핑기반을 구축할 계획이다. 이처럼 7광역 중심의 경우 3도심의 기능을 보완하면서 지역 균형 발전을 꾀하고 광역기반시설, 고용기반시설, 인프라 구축 등을 통해 지역의 자족성을 강화하고자 한다.

마지막으로 12지역 중심은 동대문, 성수, 망우, 미아, 연신내·불광, 신촌, 마포·공덕, 목동, 봉천, 사당·이수, 수서·문정, 천호·길동을 말한다. 12지역 중심은 지역밀착형 생활환경 개선과제를 도출해 보전·관리·육성이 필요한 사항들을 생활권별로 특화 발전시키고자 계획되었다. 12개 지역의 기본적인 개발 방향은 앞쪽의 표를 참고하도록 하자.

서울 부동산에 투자를 하고자 마음먹었다면 앞에서 언급한 지역들을 중심으로 투자를 하자. 물론 이들 지역이 아니더라도 시세보다 현저하게 저렴한 물건이 있으면 투자를 고려할 수 있지만, 가격적인 장점이 크지 않다면 개발 계획 중인 지역 중심으로 투자 물건을 살펴보도록 하자. 정부의 개발 계획에 따라 자연스럽게 투자수익을 누릴 수 있게 될 것이다.

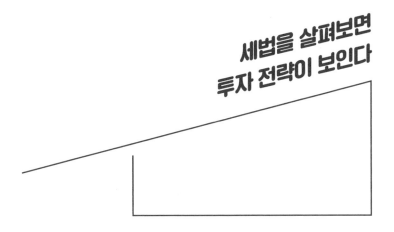

세법을 살펴보면 투자 전략이 보인다

중국의 병법가 손자가 말하기를, "적과 아군의 실정을 잘 비교·검토한 후 승산이 있을 때 싸운다면 백 번을 싸워도 결코 위태롭지 아니하다. 그리고 적의 실정은 모른 채 아군의 실정만 알고 싸운다면 승패의 확률은 반반이다. 또 적의 실정은 물론 아군의 실정까지 모르고 싸운다면 싸울 때마다 반드시 패한다."라고 했다. 나 자신과 적에 대해 아는 만큼 내가 패배할 가능성도 줄어든다는 의미다. 이 말은 어느 상황에서나 적용된다. 투자에서도 역시 마찬가지다. 내가 처해 있는 상황과 내가 하려는 투자에 대해서 정확히 알고 행한다면 그만큼 손실 가능성은 줄어들기 마련이다.

부동산은 다른 재화와 마찬가지로 다양한 요소에 의해 가격이 변하지만, 특히 정부 정책에 큰 영향을 받는다는 특징이 있다. 그래서 부동산 투자자들은 정부의 부동산 정책에 귀 기울이고, 이에 맞춰 자신의 전략을 새롭게 세우곤 한다. 아버지 역시 40년이 넘는 세월 동안 부동산 투자를 해오면서 정부 정책이 부동산 시장에 미치는 영향이 크다는 것을 늘 강조했다.

그렇다면 부동산 투자에서 성공하기 위해서는 정부의 정책을 잘 살펴봐야 한다. 정부가 부동산 시장을 어떻게 움직이고 싶어 하는지 의도를 파악하고, 현재 상태에서 나의 상황을 고려해 의사결정을 한다면 투자에서 크게 실패할 확률을 줄일 수 있을 것이다.

문재인 정부의
부동산 규제 정책

문재인 정부는 어떤 부동산 정책을 쓰고 있을까? 문재인 정부는 전반적으로 과열된 부동산 시장을 진정시키고, 투기 열풍을 잡으려고 노력하고 있다. 8·2 대책을 통해서 투기지역 12곳, 투기과열지구 27곳, 조정대상지역 40곳을 선정해 규제를 강화했으며, 청약 1순위 자격요건을 강화해 뜨거운 청약 열풍도 식히고자 했다. 또한 주택대출 규제를 강화해 부동산 투기 수요를 억제하고자 했다. 다주택자 양도세를 강화해 2018년 4월부터 2주택 이상 다주택자의 경우, 그 주택이 조정

대상지역 내에 속한다면 양도세를 중과하기로 했다. 재건축·재개발에 대한 규제도 강화해 관리처분계획인가를 받은 뒤부터는 재건축 조합원 거래가 불가능하게끔 했다.

이렇게 강력한 규제책을 펼쳤음에도 불구하고 부동산 시장이 진정되지 않자 2017년 9월 5일 경기도 성남시 분당구와 대구 수성구를 투기과열지구로 추가 지정하고 분양가 상한제를 부활시키는 등 추가적인 규제를 가했다. 이어서 2017년 10월 24일에는 1,400조 원을 돌파한 가계부채를 줄이고자 신 DTI와 DSR을 도입해 대출에 대한 한도를 줄이고 아파트 중도금에 대한 대출도 축소시켰다.

이처럼 문재인 정부는 박근혜 정부 때부터 이어져온 과열된 부동산 시장을 진정시키고자 각종 규제를 강화했고, 그 결과 무차별적인 부동산 투기 열풍은 어느 정도 잡히는 듯했다. 하지만 투기규제지역 외의 지역으로 옮겨간 풍선효과, 분양가 상한제로 인한 로또 청약 열풍 등 부작용 역시 만만치 않은 상태다. 이러한 시장의 분위기는 규제 강화로 인한 일시적인 숨 고르기 국면일 뿐 다시 재차 상승할 것으로 보는 전문가들도 여전히 많다.

어찌 되었든 문재인 정부의 부동산 정책은 일반적으로 규제를 강화하는 모양새다. 양도세를 강화하고, 대출을 규제하고, 보유세도 강화할 움직임까지 보이고 있다. 물론 이러한 규제에 부동산 가격이 하락할 것인가에 대해서는 전문가마다 의견이 갈리고 있으며, 누가 맞았는지는 시간이 지나봐야 알 수 있을 것이다.

세제혜택을
잘 살피고 활용하자

부동산 시장을 규제하는 분위기 속에서는 투자를 어떻게 해야 할까? 문재인 정부의 부동산 정책들을 잘 살펴보면 거의 대부분이 규제 강화인데, 그 속에 규제를 완화하는 정책이 숨어 있다. 바로 주택임대사업자에 대한 세제혜택이다. 정부는 8·2 대책에서 세제, 기금, 사회보험 등 인센티브를 강화해 임대주택 등록을 유도할 것이라고 밝혔다. 그리고 2017년 12월 13일에 임대주택 등록 활성화 방안을 통해 구체적인 세제혜택을 제시했다. 이를 하나하나 따져보면 어디에 투자해야 할지 알 수 있다.

먼저 부동산을 취득하게 되면 내야 하는 취득세부터 살펴보도록 하겠다.

취득세 감면 조항 – 「지방세특례제한법」 제31조

제31조(임대주택 등에 대한 감면) ①「공공주택 특별법」에 따른 공공주택사업자 및 「민간임대주택에 관한 특별법」에 따른 임대사업자(임대용 부동산 취득일부터 60일 이내에 해당 임대용 부동산을 임대목적물로 해 임대사업자로 등록한 경우를 말한다. 이하 이 조에서 "임대사업자"라 한다.)가 임대할 목적으로 공동주택(해당 공동주택의 부대시설 및 임대수익금 전액을 임대주택관리비로 충당하는 임대용 복리시설을 포함한다. 이하 이 조에서 같다.)을 건축하는 경우 그 공동주택과 임대사업자가 임대할 목적으로 건축주로부터 공동주

택 또는 「민간임대주택에 관한 특별법」 제2조제1호에 따른 준주택 중 오피스텔(그 부속토지를 포함한다. 이하 이 조에서 "오피스텔"이라 한다.)을 최초로 분양받은 경우 그 공동주택 또는 오피스텔에 대해서는 다음 각 호에서 정하는 바에 따라 지방세를 2018년 12월 31일까지 감면한다. 다만, 토지를 취득한 날부터 정당한 사유 없이 2년 이내에 공동주택을 착공하지 아니한 경우는 제외한다. 〈개정 2011.12.31., 2012.3.21., 2013.1.1., 2015.7.24., 2015.8.28., 2015.12.29., 2016.12.27.〉

1. 전용면적 60제곱미터 이하인 공동주택 또는 오피스텔을 취득하는 경우에는 취득세를 면제한다.

2. 「민간임대주택에 관한 특별법」 또는 「공공주택 특별법」에 따라 8년 이상의 장기임대 목적으로 전용면적 60제곱미터 초과 85제곱미터 이하인 임대주택(이하 이 조에서 "장기임대주택"이라 한다.)을 20호(戸) 이상 취득하거나, 20호 이상의 장기임대주택을 보유한 임대사업자가 추가로 장기임대주택을 취득하는 경우(추가로 취득한 결과로 20호 이상을 보유하게 되었을 때는 그 20호부터 초과분까지를 포함한다.)에는 취득세의 100분의 50을 경감한다.

② 제1항을 적용할 때 「민간임대주택에 관한 특별법」 제43조제1항 또는 「공공주택 특별법」 제50조의2제1항에 따른 임대의무기간에 대통령령으로 정한 경우가 아닌 사유로 임대 외의 용도로 사용하거나 매각·증여하는 경우에는 감면된 취득세를 추징한다. 〈개정 2010.12.27., 2015.8.28.〉

쉽게 정리하면, 전용면적 60m² 이하인 공동주택 또는 오피스텔을 취득하는 경우에는 취득세가 면제된다. 8년 이상의 장기임대 목적으로 전용면적 60~85m²인 임대주택을 20호 이상 취득하는 경우에는 취득세를 50% 감면해준다. 다만 2016년부터는 취득세가 200만 원을 넘어가면 최소납부세액제도의 적용을 받아 100% 감면되는 조건이라 할지라도 15%는 내야 한다. 취득세액이 200만 원 이하인 경우는 종전과 같이 100% 감면된다.

다음은 재산세를 살펴보자. 「지방세특례제한법」 제31조의 3을 보면 준공공임대주택에 대한 재산세 감면 규정이 쓰여 있다.

준공공임대주택 재산세 감면 - 「지방세특례제한법」 제31조의 3

제31조의3(준공공임대주택 등에 대한 감면) ① 「민간임대주택에 관한 특별법」 제2조제4호에 따른 기업형임대주택 및 같은 조 제5호에 따른 준공공임대주택을 임대하려는 자가 국내에 임대 목적의 공동주택을 2세대 이상 건축·매입하거나 또는 「민간임대주택에 관한 특별법」 제2조제1호에 따른 준주택 중 오피스텔(이하 이 조에서 "오피스텔"이라 한다.)을 2세대 이상 매입해 과세기준일 현재 임대 목적에 직접 사용하는 경우에는 다음 각 호에서 정하는 바에 따라 2018년 12월 31일까지 지방세를 감면한다. 〈개정 2014.5.28., 2015.8.28., 2015.12.29.〉

1. 전용면적 40제곱미터 이하인 임대 목적의 공동주택 또는 오피스텔에 대해는 재산세(「지방세법」 제112조에 따른 부과액을 포함한다.)와 「지방세

법」제146조제2항에 따른 지역자원시설세를 각각 면제한다.

2. 전용면적 40제곱미터 초과 60제곱미터 이하인 임대 목적의 공동주택 또는 오피스텔에 대해는 재산세(「지방세법」제112조에 따른 부과액을 포함한다.)의 100분의 75를 경감하고, 「지방세법」제146조제2항에 따른 지역자원시설세를 면제한다.

3. 전용면적 60제곱미터 초과 85제곱미터 이하인 임대 목적의 공동주택 또는 오피스텔에 대해는 재산세의 100분의 50을 경감한다.

준공공임대주택자로 등록할 경우 재산세 감면혜택이 주어진다. 전용면적에 따라 감면율이 달라지는데 전용면적이 40m² 이하인 경우 재산세, 지역자원시설세를 100% 면제해주고, 전용면적이 40~60m²인 경우 재산세를 75%, 전용면적이 60~85m²인 경우는 재산세를 50% 감면해준다. 취득세와 마찬가지로 2016년부터 최소납부세액제도가 적용되어 2016년부터 재산세 감면 조건을 모두 충족하더라도 50만 원 초과 시 감면받은 세액의 15%는 납부해야 한다.

양도소득세의 경우 혜택이 큰 편인데, 일단 임대주택 외 거주용 자가주택에 대한 양도소득세는 비과세다. 물론 거주용 자가주택에 대해 양도소득세를 비과세받기 위해서는 보유기간과 거주기간이 2년 이상이어야 한다. 그러면 내가 살면서 보유하고 있는 주택은 양도소득세가 비과세된다.

또한 거주주택 외에 준공공임대주택에 대해서도 일정한 요건을 충족시키면 양도소득세 감면혜택을 받을 수 있다.

준공공임대주택 양도소득세 감면 – 「조세특례제한법」 제97조의 5

제97조의5(준공공임대주택 등에 대한 양도소득세 감면) ① 거주자가 다음 각 호의 요건을 모두 갖춘 「민간임대주택에 관한 특별법」 제2조제4호에 따른 기업형임대주택 또는 같은 법 제2조제5호에 따른 준공공임대주택 (이하 이 조에서 "준공공임대주택 등"이라 한다)을 양도하는 경우에는 대통령령으로 정하는 바에 따라 임대기간 중 발생한 양도소득에 대한 양도소득세의 100분의 100에 상당하는 세액을 감면한다. 〈개정 2015.8.28., 2015.12.15., 2017.12.19.〉

1. 2018년 12월 31일까지 「민간임대주택에 관한 특별법」 제2조제3호의 민간매입임대주택 및 「공공주택 특별법」 제2조제1호의3에 따른 공공매입임대주택을 취득(2018년 12월 31일까지 매매계약을 체결하고 계약금을 납부한 경우를 포함한다)하고, 취득일로부터 3개월 이내에 「민간임대주택에 관한 특별법」에 따라 준공공임대주택 등으로 등록할 것

2. 준공공임대주택 등으로 등록 후 10년 이상 계속해 준공공임대주택 등으로 임대한 후 양도할 것

3. 임대기간 중 제97조의3제1항제2호의 요건을 준수할 것

   ② 제1항에 따른 세액감면은 제97조의3의 준공공임대주택 등에 대한 양도소득세의 과세특례 및 제97조의4의 장기임대주택에 대한 양도소득세의 과세특례와 중복해 적용하지 아니한다. 〈개정 2015.12.15.〉

   ③ 제1항에 따라 세액감면을 적용받으려는 자는 대통령령으로 정하

는 바에 따라 주택임대에 관한 사항을 신고하고 과세특례 적용의 신청을 해야 한다.

④ 제1항에 따른 임대주택에 대한 임대기간의 계산과 그 밖에 필요한 사항은 대통령령으로 정한다.

장기일반민간임대주택 양도소득세 감면 – 「조세특례제한법」 제97조의 5

제97조의5(장기일반민간임대주택 등에 대한 양도소득세 감면) ① 거주자가 다음 각 호의 요건을 모두 갖춘 「민간임대주택에 관한 특별법」 제2조제4호에 따른 공공지원민간임대주택 또는 같은 법 제2조제5호에 따른 장기일반민간임대주택(이하 이 조에서 "장기일반민간임대주택 등"이라 한다.)을 양도하는 경우에는 대통령령으로 정하는 바에 따라 임대기간 중 발생한 양도소득에 대한 양도소득세의 100분의 100에 상당하는 세액을 감면한다. 〈개정 2015.8.28., 2015.12.15., 2017.12.19., 2018.1.16.〉

1. 2018년 12월 31일까지 「민간임대주택에 관한 특별법」 제2조제3호의 민간매입임대주택 및 「공공주택 특별법」 제2조제1호의3에 따른 공공매입임대주택을 취득(2018년 12월 31일까지 매매계약을 체결하고 계약금을 납부한 경우를 포함한다.)하고, 취득일로부터 3개월 이내에 「민간임대주택에 관한 특별법」에 따라 장기일반민간임대주택 등으로 등록할 것

2. 장기일반민간임대주택 등으로 등록 후 10년 이상 계속해 장기일반민간임대주택 등으로 임대한 후 양도할 것

3. 임대기간 중 제97조의3제1항제2호의 요건을 준수할 것

② 제1항에 따른 세액감면은 제97조의3의 장기일반민간임대주택 등에 대한 양도소득세의 과세특례 및 제97조의4의 장기임대주택에 대한 양도소득세의 과세특례와 중복해 적용하지 아니한다. 〈개정 2015.12.15., 2018.1.16.〉

③ 제1항에 따라 세액감면을 적용받으려는 자는 대통령령으로 정하는 바에 따라 주택임대에 관한 사항을 신고하고 과세특례 적용의 신청을 해야 한다.

④ 제1항에 따른 임대주택에 대한 임대기간의 계산과 그 밖에 필요한 사항은 대통령령으로 정한다.

여러 가지가 복잡하게 쓰여 있어 어려워 보일 수 있지만 말하고자 하는 건 간단하다. 준공공임대주택과 장기일반민간임대주택의 경우 양도소득세를 100% 감면해주겠다는 뜻이다. 2018년 12월 31일까지 공공매입임대주택 매매 계약을 체결하고 준공공임대주택으로 등록하면 된다. 물론 10년이라는 시간이 지나야 매매할 수 있다는 단점이 있긴 하지만, 10년 동안 발생하게 될 양도소득에 대해서 세금을 100% 감면을 해주겠다는 것은 큰 혜택이라고 생각한다.

다만 양도소득세 '비과세'가 아니라 양도소득세 '100% 감면'이라는 것을 주의해야 한다. 비과세라면 어떠한 세금도 과세되지 않지만, 감면일 경우에는 「농어촌특별세법」에 따라 감면금액에 대한 농어촌특별세가 부과된다. 다시 말해 양도소득세는 100% 감면되지만, 그 감면받은 금액의 20%는 농어촌특별세가 부과되기 때문에 원래 내야 할

양도소득세의 20% 정도는 세금으로 납부해야 한다는 의미다.

여기서 눈여겨봐야 하는 것은 '면제' 조건이다. 문재인 정부에서는 취득세, 재산세, 소득세, 양도소득세, 종합부동산세 등 부동산에 투자하고 나서 자연스럽게 낼 수밖에 없는 세금을 대폭 감면해주거나 면제해준다. 이 면제 조건에 해당하는 부동산에 투자한다면 부동산을 취득하는데도 세금을 내지 않고, 재산세도 납부하지 않으며, 소득세도 감면받고, 양도소득세도 100% 감면받으며, 종부세까지 비과세받을 수 있다. 이것은 불법이 아니고 합법이다. 지금 1억 원인 주택이 10년 뒤에 10억 원이 되어도 양도소득세가 100% 면제라는 것이다. 얼마나 대단한 혜택인가. 그러기 위해서는 세법을 곰곰이 살피고 연구해야 한다.

정부에서 주는 혜택을 받으려면 어떤 부동산에 투자해야 할까? 일단은 분양하는 물건을 구입해야 한다. 오래된 빌라를 사면 취득세를 면제받을 수 없다. 재산세의 경우 2호 이상 임대해야 하고 $40m^2$ 이하여야 감면받을 수 있으며 2019년부터는 8년 이상 장기임대 시에도 혜택을 준다고 한다. 소득세는 3주택 이상인 경우 보증금에도 과세를 하고 있으나 6억 원 이하이고, 전용면적 $85m^2$ 이하인 경우 8년 임대 시 소득세를 75%까지 감면해준다고 한다. 양도소득세의 경우 준공공 임대주택으로 10년 이상 임대 시 100% 감면된다. 게다가 임대사업자의 거주주택 양도 시 1세대 1가구 비과세 특례를 준다.

문재인 정부시대에 우리가 투자해야 할 부동산은 면제 조건에 해당하는 주택이다. 물론 임대사업자로 등록해 오랜 기간 주택을 매매할

| 세금 종류별 혜택 |

구분	내용
취득세	공동주택 건축 분양 또는 주거용 오피스텔 분양 시 전용 면적 60m² 이하 면제(취득세 200만 원 초과 시 85% 감면, 4년 이상 임대 시)
재산세	2호 이상 임대 시, 공동주택 건축 매입 또는 주거용 오피스텔 매입 시 • 전용면적 40m² 이하 면제(4년 이상 임대 시) • 전용면적 40m² 이하 소형주택에 한해 1호만 임대 시에도 재산세 감면(2019년 시행)
소득세, 법인세	3주택 이상자, 6억 원 이하, 전용면적 85m² 이하, 4년 임대 시 30%, 8년 임대 시 75% 감면
양도소득세	• 준공공임대주택 등 양도소득세 100% 감면(10년 이상 임대 시) • 장기보유특별공제 확대(6년 이상 임대 시 연 2% 추가 공제. 기간에 따라 공제율 나름. 2019년부터 준공공임대주택은 8년 이상 임대 시 70% 공제) • 임대사업자의 거주주택 양도 시 1세대 1주택 비과세 특례 적용(2년 이상 보유 시)
종합부동산세	종합부동산세 비과세(6억 원 이하, 8년 이상 임대 시)

수 없다는 단점이 있긴 하지만 각종 세제혜택은 그 단점보다 클 것으로 보인다. 부동산은 정부 정책에 따라 투자해야 한다. 정부는 부동산 경기가 침체되면 부동산을 사라고 각종 세금혜택을 제공하고, 부동산 경기가 너무 과열되었다 싶으면 규제를 강화하기 시작한다. 이는 다시 말하면 부동산 시장 침체기에는 정부에서 사라고 하고, 호황기에는 팔라고 한다는 것이다.

지금 문재인 정부에서는 지금 소유한 부동산을 팔거나 임대주택으로 등록하라고 한다. 그에 맞게 각종 정책을 펴내고 있다. 양도소득세를 강화하고 대출을 막는 식으로 말이다. 이런 정부 정책에 역행해 투자한다는 것은 매우 위험한 일이다. 이전에 부동산 시장에 불을 지핀 것도 정부의 정책에서 시작되었다는 사실을 기억하자. 결국 정부는 부동산 시장이 잡힐 때까지 계속 규제 정책을 낼 것이다.

앞의 표는 설명에 필요한 부분만 간략하게 넣은 것이니 구체적인 내용은 정부의 발표 자료를 찾아보도록 하자. 여기서 주목해야 하는 것은 정부의 규제 강화 정책 속에서 오히려 규제를 완화해주는 요소들이 있다는 점이다. 이 인센티브를 잘 활용한다면 정부가 주는 특별한 혜택을 누릴 수 있을 것이다.

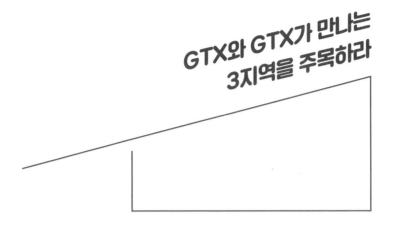

GTX와 GTX가 만나는 3지역을 주목하라

부동산 투자의 큰 호재, 교통에 주목하라

부동산 투자에서 교통호재만큼 부동산 가격을 확실하게 상승시키는 요인을 찾아보기 어렵다. 새롭게 길이 난다거나 지하철이 개통된다는 소식이 들려오면 부동산 가격은 여지없이 상승하기 시작한다. 교통여건의 개선은 부동산에 투자할 때 반드시 살펴봐야 하는 요소 중 하나다.

　문재인 정부 시기에 주목할 만한 교통호재는 바로 GTX다. GTX

는 Great Train eXpress의 약자로 수도권 광역급행철도를 의미한다. 수도권의 심각한 교통난을 해결하기 위해 경기도가 국토해양부에 제안해 추진된 사업이다. 지하 40m 이하 터널에 건설되어 정차시간을 감안해도 시속 100km, 최고속도는 200km로 운행된다고 하니 기존 전철에 비해 3배 이상 빠른 속도다. GTX가 개통된다면 수도권에서 서울로의 접근성은 획기적으로 개선될 것이다.

이런 GTX는 현재 3개 노선을 추진 중이다. 파주~동탄을 잇는 A노선, 송도~마석을 잇는 B노선, 의정부~금정을 잇는 C노선이 바로 그것이다.

하나하나 자세히 살펴보자. GTX A노선의 경우 파주 운정~일산~서울역~삼성~동탄을 잇는 노선으로 GTX A가 개통될 경우 일산에서 삼성역까지 80분 정도 걸리던 시간이 20분 수준으로 단축된다. 동탄에서 삼성역까지도 불과 20분 이내에 도착할 수 있다고 하니 그야말로 획기적인 교통수단이 아닐 수 없다. 현재 GTX A노선의 경우 동탄~삼성 구간은 정부재정사업으로 사업이 진행되고 있고, 파주~삼성 구간은 민자사업으로 진행되어 현재 우선협상 대상자까지 선정이 완료된 상태다. GTX A, B, C 3개의 노선 가운데 사업 진행 속도가 가장 빠르다.

GTX B노선의 경우 인천 송도~남양주 마석을 잇는데, 당초 구간은 마석이 아니라 청량리까지였다. 2014년에 실시한 예비타당성조사에서 송도~청량리 구간은 경제적 타당성이 부족하다는 결론이 나오자 2017년 8월에 청량리~마석 구간을 연장하는 안을 포함해 예비타당

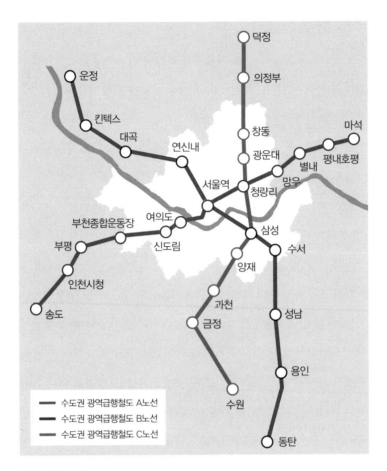

| GTX 예정 노선 |

자료 : 경기도청 홈페이지

성조사를 다시 실시한 것이다. 이 예비타당성조사 결과에서 사업성이 있는 것으로 판단된다면 GTX B노선은 2021년에 착공을 시작해서 2025년에 개통할 예정이다. GTX B노선이 개통될 경우 인천 송도에서 서울역까지 82분 걸리던 것이 27분으로 줄어들어 소요시간이 파격적으로 단축된다.

GTX C노선의 경우 의정부~서울~금정을 잇는데, GTX B노선과 마찬가지로 예비타당성조사에서 긍정적인 결과가 나오지 않자 북쪽으로는 의정부~양주, 남쪽으로는 금정~수원까지 연장하는 방안을 검토하고 있다. 예비타당성조사에서 긍정적인 조사 결과가 나온다면 2019년 착공해 2024년에 개통하는 것을 목표로 하고 있다. GTX C 노선이 개통될 경우 의정부에서 삼성역까지 기존에 73분 걸리던 시간이 13분으로 줄어들게 된다.

이렇게 살펴본 것처럼 GTX A, B, C노선이 개통된다면 수도권 일대에 혁신적인 교통수단이 등장하게 되는 것이다. 수도권에서 서울 중심지역으로 접근하는 데 걸리는 시간이 대략 30분 내로 줄어드는 것인데, 이는 서울 내에서 이동하는 시간과 비교해봐도 결코 길지 않은 시간이다.

계획대로만 개발이 이루어진다면 얼마나 좋겠는가. 정부의 개발계획은 늘 계획대로 이루어지지 않는데 GTX 사업 역시 그렇다. GTX A노선을 제외하고는 GTX B와 C 노선은 계획대로 개통되지 않을 가능성이 매우 높다. GTX B와 C노선은 아직 예비타당성조사도 통과하지 못한 상황이어서 사업이 제대로 진행될지 여부도 확실치 않은 상태다.

그렇다 하더라도 문재인 대통령이 GTX 노선 건설을 대선공약으로 내세웠고, 김현미 국토교통부 장관 역시 GTX A, B, C노선의 2025년 완전 개통을 공언한 바 있어 GTX 사업은 약속한 기한 내에는 완료되지는 못해도 어떻게든 추진될 것으로 보인다. 따라서 문재인 정부 때는 이 GTX 노선을 잘 살펴보면 좋은 투자처를 찾을 수 있을 것으로 보인다.

GTX 호재를 고려하면
어느 지역에 투자해야 할까

이 GTX 개발 호재를 가지고 어디에 투자해야 할까? 그냥 GTX 신설 역사 주변 부동산을 사면 될까? 물론 그것도 크게 나쁘지는 않지만, 신설 역사 인근 공급물량이나 지역별 시장 상황에 따라 큰 수익을 보지 못할 수도 있다. 막연하게 GTX 역사 주변의 부동산을 사라는 말보다는 조금 더 구체적인 지역 선정이 필요할 것으로 보인다. 그러면 도대체 어느 지역에 투자해야 GTX 개통 효과를 제대로 누릴 수 있을까?

　GTX 노선은 앞서 살펴본 대로 해당 지역에는 엄청난 호재다. 서울로의 접근성을 획기적으로 개선시키는 교통수단의 도입은 해당 지역의 인구를 증가시키고, 지역을 발전시키기 때문이다. 그래서 GTX 노선 계획이 발표되었을 때 각 지역 지자체들은 자신의 지역에 GTX 노선이 연장되도록 많은 노력을 기울였다. 선거 때마다 노선을 연장시키겠다는 공약은 모든 후보가 내세웠다고 해도 과언이 아니고, 기존 연장 계획이 확정되면 그 연장 계획에 또다시 연장하겠다는 공약

들이 줄을 이었다. 이처럼 GTX 노선을 유치하려는 지자체의 노력은
지역의 사활을 걸만큼 뜨거웠다.

1개도 지나가기 힘든 GTX 노선이
무려 2개나 지나가는 지역에 주목하라

우리가 여기서 주목해야 할 지역은 GTX 노선이 새롭게 연장되는 지
역이 아니다. GTX 노선을 1개라도 어떻게든 유치하려는 지역이 일
반적인 데 반해 GTX 노선이 2개씩이나 지나가는 지역들이 있다.
GTX A, B, C노선을 통틀어 총 3군데 역사에서 노선이 2개씩 교차한
다. 다시 말해 GTX-GTX 환승역이다.

| GTX 라인이 교차하는 서울역, 삼성역, 청량리역 |

자료 : 경기도청 홈페이지

GTX 노선이 서로 교차하는 역은 서울역, 삼성역, 청량리역이다. 서울역에서는 GTX A와 B노선이, 삼성역에서는 GTX A와 C노선이, 청량리역에서는 GTX B와 C노선이 교차한다. 추후 수도권의 핵심 교통수단이 될 GTX의 위상을 생각하면 GTX 노선이 교차하는 세 곳의 역사 주변은 집중적인 개발이 이뤄질 가능성이 높다. 따라서 서울역, 삼성역, 청량리역 일대의 부동산을 살펴본다면 좋은 투자 기회를 만날 수 있을 것으로 보인다. 특히 앞서 살펴본 2030 서울도시기본계획을 참고해 투자 지역과 투자 물건을 선정한다면 더욱 좋은 판단을 내릴 수 있을 것이다.

나는 직장 대신 아버지와 부동산으로 월급 받는다

초판 1쇄 발행 2018년 8월 2일 | **지은이** 이권복 · 이은구
펴낸곳 원앤원북스 | **펴낸이** 오운영
경영총괄 박종명 | **편집** 김효주 · 최윤정 · 이광민
등록번호 제2018-000058호 | **등록일자** 2018년 1월 23일
주소 04091 서울시 마포구 토정로 222, 306호(신수동, 한국출판콘텐츠센터)
전화 (02)719-7735 | **팩스** (02)719-7736 | **이메일** onobooks2018@naver.com
값 15,000원
ISBN 979-11-963830-8-4 03320

이 도서의 국립중앙도서관 출판예정도서목록(CIP)은 서지정보유통지원시스템 홈페이지 (http://seoji.nl.go.kr)와 국가자료공동목록시스템(http://www.nl.go.kr/kolisnet)에서 이용하실 수 있습니다.(CIP제어번호: CIP2018019122)